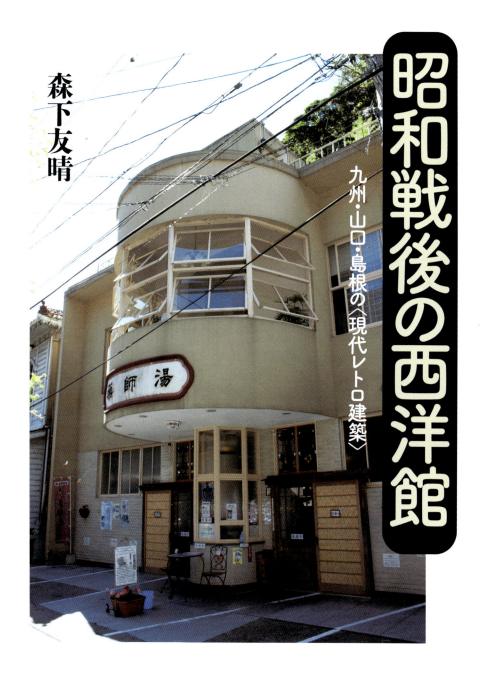

昭和戦後の西洋館

九州・山口・島根の〈現代レトロ建築〉

森下友晴

忘羊社

CONTENTS

はじめに 6

CHAPTER1
戦前・戦中の建築 8
-1945

- 岩国徴古館 10
- 岩国伝統建築協同組合 11
- 旧福岡銀行秋月支店
   （現・O氏邸） 12
- ギャラリー手の民 13
- 太陽新海運ビル 14
- Something4 15
- 旧太陽産業株式会社
   （現・W氏邸） 16
- JR三角駅 17
- 原田写真場 18
- 宇部市渡辺翁記念会館 19

CHAPTER2
終戦直後の建築 20
1946-1950

- 萬龍 22
- 西鉄甘木駅 23
- 福岡製粉會館 24
- 佐賀県庁本館 25
- カトリック別府教会 26
- 旧小百合愛児園 27
- 熊本電鉄北熊本駅 28
- 喜楽湯 29
- JR内牧駅 30
- JR岩国駅 31

CHAPTER3
高度経済成長期前夜の建築 32
1951-1957

- 日本銀行福岡支店 34
- 旧山陰合同銀行本店 35
- 薬師湯 36
- 旧大分銀行大里支店
   （現・岡野商事） 37
- カフェ・ブラジレイロ 38

祇園ビル 39
下関バプテスト教会 40
旧田原眼科 41
旧福岡銀行門司駅前支店（現・岡野商事） 42
ホーム・リンガ商会 43
安川電機本社 44
四月の魚 45
八幡バプテスト教会 46

北九州市立八幡図書館 47
旧スワン美容室 48
小笠原記念館 49
服部植物研究所 50
宮崎太陽銀行延岡支店 51
延岡市公会堂野口記念館 52
島原市役所 53
JR都農駅 54
日本銀行熊本支店 55

CHAPTER4
高度経済成長期の建築 56
1958-1972

北九州銀行入江支店 58
門司ゴルフ倶楽部クラブハウス 59
CSOかんさき神幸館 60
旧真島写真館 61
大隈記念館 62

樋田地区公民館 63
藤川金物店 64
すみもと歯科医院 65
長崎市公会堂 66
日本薬研 67

CHAPTER5
オイルショック〜バブル経済期の建築 68
1973-1990

和食レストラン「ら・むゑっと」 70
メイト黒崎 71
旧九州民芸村ようび館 72
西洋古美術 鹿鳴館 73
海浜館 74
太良町役場庁舎 75
佐賀県議会議事堂 76

昭和会病院 77
新地町安全・安心・交流センター 78
対馬市公会堂 79
中島川公園安全・安心・交流センター 80
シーボルト記念館 81
長崎県長崎警察署丸山町交番 82

日本基督教団杵築教会　83
古美術 八幡船　84
上無田松尾神社　85
三角西郵便局　86

森林館エジソンミュージアム　87
安武法律事務所　88
ムルドルハウス　89

CHAPTER6
バブル崩壊以降の建築　90
1991-

すなお医院　92
バルク館　93
こころのクリニックゆめ　94
唐津市近代図書館　95
はこざき写真館　96
北島歯科医院　97
JR牛津駅　98
九州電力新地変電所　99
温泉療養文化館 御前湯　100

Café Terrace Miami　101
呉服町診療所　102
文林堂　103
牧野皮膚科醫院　104
わかやまこどもクリニック　105
鹿児島市交通局谷山電停　106
博多座　107
井手ビル　108
博多の森テニス競技場　109

CHAPTER7
再建された建築および解体された建築　110
ALL PERIODS

シーボルトの湯　112
カトリック中町教会　113
平戸オランダ商館　114
西日本シティ銀行下関支店　115
平成筑豊鉄道 崎山駅　116
福岡銀行門司支店　117

不老泉　118
旧福岡シティ銀行門司港支店　119
山九若松支店　120
大正ビル　121

あとがき　123／参考文献・参考サイト　126

はじめに
「戦後洋館」の世界へようこそ

　本書は、九州各地（一部西中国地方を含む）の西洋館を取材した写真集である。
　しかし、最初にお断りしておきたいが、本書には門司港駅も旧グラバー住宅も、その他名だたる西洋館の写真は一切掲載していない。ではどのような西洋館の写真を掲載しているのかと言うと、ホーム・リンガ商会（福岡県）、唐津市近代図書館（佐賀県）、ムルドルハウス（熊本県）等である。
　これ等の西洋館を理解する為のキーワードは、「昭和戦後」である。
　例えばこのうちホーム・リンガ商会は、現在「レトロの街」として、福岡県のみならず全国的にも人気が高い観光地・門司港（北九州市）の一角に佇む可愛らしい西洋館である。1954年に誕生した非常に「若い」建築物だが、かの地を訪れる観光客のほとんどはこの建物を「大正時代か昭和初期の建築物」と認識するだろう。昭和も戦後になって建設された西洋館の知名度は、今一つなのである。あるいはホーム・リンガ商会が戦後の建築物である事を知って、「なんだ、レトロ建築じゃなかったのか」とがっかりする観光客も多いかもしれない。
　しかし、戦後に建設されたからと言って、蔑ろにして良いものだろうか？今はまだ「若い」ホーム・リンガ商会や唐津市近代図書館、ムルドルハウス等も、100年後には重要文化財になり得るかも知れないのである。
　そもそも、現在国指定重要文化財として保存されている門司港駅にしても、竣

功当初は斬新なデザインの「若い」建築物だった筈である。当時の幕末・明治初期生まれのお年寄りの中には、この駅を「日本の伝統から断絶した意匠が気に喰わない」などと言って、嫌っていた方も多かったに違いない。しかし、現在では門司港駅は、国指定重要文化財という「日本の文化や歴史を後世に伝える重要な建築物」になっているではないか。

同様に、ホーム・リンガ商会が戦後の建築物だからと言って「価値が無い」訳ではないと思う。

ホーム・リンガ商会だけではない。唐津市近代図書館もムルドルハウスも、その他戦後生まれの西洋館は全て、門司港駅と同等の価値があると私は思っている。

西洋館あるいは近代西洋建築に関する書籍は、数多く出回っている。しかし、そのほとんどは幕末・明治・大正・昭和初期の建築物ばかりに言及し、昭和戦後に建設された西洋館の記述は皆無に等しいのが現状である。つまり、門司港に関する書籍や写真集はあっても、ホーム・リンガ商会やマリーゴールド門司港迎賓館（1950年築）等は、無視されがちなのである。

私はこれら昭和戦後生まれの西洋館に着目し、「戦後洋館」と名付けた。建築に関してはずぶの素人が勝手に命名した呼称であるが、他に良い名称も思い付かないので、本書ではこの「戦後洋館」と言う言葉が度々登場する（もっとも、真っ当な建築の専門家なら、単なる素人の思い付きに過ぎない言葉に激怒されるかも知れないが）。

更に私は写真撮影に関する正規の教育も、一切受けていない。つまり私は建築のみならず、写真に関してもずぶの素人なのである。そんな素人が撮影した写真を、一冊の本にまとめると言うのは、非常におこがましい事かも知れない。プロのカメラマンの方が私の撮った写真を見ると、大嗤いするに違いない。

しかし、電車や駅舎の写真を撮る鉄道マニア（いわゆる「撮りテツ」）にしても、こだわっているのはあくまでも「鉄道」であって、写真やカメラではないだろう。同様に、私は写真の出来の良し悪しよりも、「昭和戦後の西洋館」そのものにこだわりたいのである。

本書を通して、「昭和の戦後にもこんな素晴らしい建築物があるのか」と読者の皆様に思っていただければ、私にとってこれほど幸せな事はない。

それでは、早速貴方もページをめくって「戦後洋館」の世界に飛び込んでみよう。

［凡例］
・竣功年は、基本的に西暦で統一する。
・建築物の所有者（もしくは管理者）の氏名は、設計者と同一あるいは設計者の関係者の場合、また、建築物の名称に冠されている場合をのぞき、基本的にイニシャルで表記する。
・本書記載の建築物のデータは、2014年4月のものです。現在は解体されている建築物もございますので、ご了承ください。

戦前・戦中の建築

CHAPTER 1

-1945

本書の趣旨は「昭和戦後の西洋館」であるが、第1章ではその前史として戦前・戦中（～1945年）の西洋館を紹介したい。

1868年、日本では江戸の幕藩体制が崩壊し、明治という新しい時代が始まった。

幕末の日本は、完全に行き詰まっていた。欧米諸国からの外圧や続発する飢饉と百姓一揆、さらに都市部における商人の台頭は、封建制度を疲弊させ、日本国内を「天皇を頂点とした新しい体制に移行させよう」とする尊皇派と「幕府を存続させて山積する問題に対処しよう」という佐幕派に二分したのである。

結局のところ、尊皇派が勝利を収め、明治政府が発足した。そして日本は、ありとあらゆるものが大幅な変革を余儀なくされたのである。

明治の開国からしばらくすると、上流階級の人間は洋服を着る事が当たり前となり、都市部には西洋館が数多く建設された。しかし農村部では、住民は相変わらず和服を着て生活し、西洋館も無い江戸時代さながらの景観が維持された。

とはいうものの、昭和（あるいは関東大震災以降と言い換えても良いだろう）に入ると一般庶民にも洋服が普及し出し、農村部にも診療所や郵便局などを中心として西洋館が建設されるようになったのである。

昭和初期は、ファシズム（全体主義）の時代でもあった。

この時期、ドイツではナチス（国会社会主義ドイツ労働者党）が権力を掌握し、日本でも二・二六事件などの影響で軍部が台頭して行った。ナチス・ドイツは芸術や建築を、権力を維持する道具として利用した。1930年代（昭和戦前）は「ドイツ表現主義」という芸術・建築上の思想運動がヨーロッパを席捲していたが、これは政治と芸術の統合を図る思想であり、結局は芸術を政治に隷属させるものにしてしまったのである。

ドイツと同様、ファシズムが台頭していた日本にもこの思想が波及した。村野藤吾設計の宇部市・渡辺翁記念会館（1937年）や、佐藤武夫の岩国徴古館（1945年）等は、ドイツ表現主義に影響された代表的な建築物であろう。

ともあれ、戦前の日本やドイツの建築は政治と一体化し、ファシズムを陰日向に支えて来た。しかし、幕末の日本同様、ファシズムという思想も次第に行き詰まり、暴走を始める。第二次世界大戦の開始である。

第二次世界大戦は、日本・ドイツ・イタリア（枢軸国側）を中心としたファシズムの思想と、アメリカやイギリスなど（連合国側）を中心とした自由主義の思想との間の対決と言える。この対決は、ファシズム側が敗北し、1945年の第二次世界大戦の終結を迎えるのである。

岩国徴古館

竣功年：1945年
所在地：山口県岩国市
設　計：佐藤武夫
施　工：池田組
用　途：文化施設（歴史資料館）

　岩国徴古館は、1988年に国の有形文化財に登録された。
　構造体としては煉瓦(レンガ)を用いているが、外壁及びエントランスは鉱滓(こうさい)煉瓦（粘土に高炉の副産物である鉱滓を加えて焼成した煉瓦）を貼付して装飾としている。また、この資料館は自然採光を最大限に利用する構造となっていたが、現在ではその面影を残すのみとなっている。しかしながら近年、東日本大震災以降要求されている節電の為、再び自然採光を利用する方針となりつつあるらしい。
　この他、この建築物には鉄筋の代わりに竹筋(ちっきん)を骨組みとして使用しているという説もあるが、現在のところ判然としていない（骨組みの無い無筋という説もある）。今後、新しく資料が発見される、あるいは建築物の調査技術が進歩すれば、真相が判明するかも知れない。
　岩国徴古館は、旧藩主である吉川(きっかわ)家による「郷土に博物館を」と言う真摯な願いが込められている。これは吉川家のみならず、当時の岩国市民の願いでもあっただろう。

岩国伝統建築協同組合

竣功年：昭和戦前？
所在地：山口県岩国市
設　計：不詳
施　工：不詳
用　途：オフィス

　岩国伝統建築協同組合のオフィスは、かつての内科医院を転用したものだと言われている。
　玄関の周囲に施されたスクラッチ・タイル（表面に引っかき傷を付けた模様のタイルで、大正から昭和初期にかけて流行した）や、玄関のポーチなども年代を感じさせる。

　インターネットのサイト「近代化産業遺産総合リスト・山口県岩国市編」(http://kourokan.main.jp/heritage-iwakuni.html) を見ても具体的な竣功年は表示されてはおらず、「昭和戦後期か？」と記されているのみである。しかし、この施設を管理されておられるＮさんのお話によると、「戦前のものではないか？」とのこと。ちなみにＮさんのお話によって、この建築物がかつては内科医院であった事も判明した。
　ところで、岩国市には錦帯橋、岩国徴古館等、名建築が多い。これ等の建築物も、岩国伝統建築協同組合の職員及び関連する建築関係者によって支えられていると言っても過言ではないだろう。

旧福岡銀行秋月支店
（現・O氏邸）

竣功年：昭和初期
所在地：福岡県朝倉市秋月
設　計：不詳
施　工：不詳
用　途：住宅

　「九州の小京都」の異名を持つ福岡県朝倉市秋月。メインストリートである国道322号線沿いに、旧福岡銀行秋月支店（現・O氏邸）が佇んでいる。この建物に隣接して秋月葛で有名な「廣久葛本舗」の重厚な老舗の商家（江戸時代末期の築という）が建っているので、店に寄った観光客が「隣の建物も変わっているな」と思い、ついでに写真を撮るという事も多いだろう。

　廣久葛本舗の方にお話を伺い、更に法務局で調べてみたところ、福岡銀行秋月支店自体は明治時代半ばから存在していたらしい。但し、現在の建物が建てられたのは昭和初期、O さん宅として所有者移転がなされたのは1963年との事である。

　外観の特徴としては、次頁の「ギャラリー手の民」と同様、いわゆる「看板建築」であり、ファサード（道路に面した建物の正面部分）がモルタルで仕上げられている点が挙げられる。現在、この建築物は個人の所有物となっているので内部は拝見していないが、大幅な改装はなされているだろう。秋月に関する書籍・インターネットのサイトは多いが、この建築物に言及したものは、流石にお目にかからない。そこで戦前の建築であるが、私が紹介する次第である。

ギャラリー手の民

竣功年：1899年（2002年改築）
所在地：福岡県八女市
設　計：不詳（改築時：中島修建築設計事務所・斎藤建築設計事務所）
施　工：不詳（改築時：山本建設）
用　途：商業施設（工芸品店）

　重伝建地区（重要伝統的建造物群保存地区）に指定されている八女市福島のメインストリート沿いに「ギャラリー手の民」という手作り工芸品の店が建っている。竣功された年は1899（明治32）年というので、本書に収録されている建築物の中では最古のものになるだろう。
　元々この建物は、料亭として建設されたという。その後、貸し家（住宅）を経て現在の工芸品店となった。現在の店が入居する際、大正時代の写真を基に往時の姿を復元したのである。
　この建築物は、ファサードだけが洋風で、側面及び内部は和風建築であるが、このような建築は、「看板建築」と呼ばれる。
　看板建築は関東大震災（1923年）の復興期に流行した商店建築のスタイルで、タイル・銅板・モルタルなどを仕上げ材として用いている事が特徴である。また、形態としては、江戸時代の店舗の形態を継承したような「店舗兼住宅」というものが多かった。
　この建築物は、2002年に現在の姿となったが、平成の世に看板建築を再現したものと言えるだろう。

太陽新海運ビル

竣功年：1933年？（1948年改築？）
所在地：福岡県北九州市門司区
設　計：吉田某
施　工：木下組
用　途：商業施設（雑貨店・飲食店）・オフィス

『北九州の建築　明治-大正-昭和初期』（㈶北九州都市協会）という書籍によると、このビルの竣功年は「昭和8〜9年？ 昭和23年？」となっている。これが何を意味するのかが分からなかったが、どうやら「竣功年は1933〜1934（昭和8〜9）年、その後、1948（昭和23）年に大幅な改築が施された」という事のようである。

このビルについては、管理されている方が懇切丁寧に解説して下さった。

まず、ドアや窓枠などに用いる木材は、表面をわざと焼く事によって、シロアリなどの虫がつきにくくしていると言う。窓の底部は元々低かったが、建築基準法の改正により、建物の窓を全て持ち上げたそうである。さらに、以前は煙突が存在していたが、現在は暖房器具の変化によるのか撤去されている。各部屋のドアの窓は、舟をモチーフとしている。最後に、ビル全体は漆喰壁で仕上げられているが、内部は鉄筋ではなく「竹筋」との事である。

太陽新海運ビルは戦前の建築物であるが、その外観も内部も、戦後隆盛を極めるモダニズム建築の萌芽を窺わせるものといえるだろう。

Something4

竣功年：1937年？（1950年改築？）
所在地：福岡県北九州市門司区
設　計：不詳
施　工：不詳
用　途：商業施設（雑貨店）

　北九州銀行門司支店や、九州鉄道記念館等が並ぶ同じ通りに、「Something4」という雑貨店が佇んでいる。

　店舗の代表の方に電話でお話を伺ったところ、「竣功年は不明だが、おそらく昭和12〜16年ではないか？」と仰った。ところが、インターネットのサイト「レトロな建物を訪ねて（gypsypapa.exblog.jp/9870006/）」によると、竣功年は「1950（昭和25）年頃」とされている。どちらが正解かは分からないが、あるいは太陽新海運ビルのように、戦前の建築だが戦後に大幅な改築がなされたのかも知れない。

　外観は白みがかったタイルで覆われており、門司港駅や旧門司三井倶楽部のような華やかさのない、到って地味な建物である。しかし、このレトロ建築も、門司港の繁栄と衰退、そして近年の復活を見守り続けて来た貴重な生き証人なのである。

旧太陽産業株式会社
（現・W氏邸）

竣功年：1945年？
所在地：福岡県北九州市八幡西区
設　計：不詳
施　工：不詳
用　途：住宅

　この建物の掲載に関しては、現在不動産業を営んでおられる所有者のWさんの快諾を頂いた。
　Wさんによると、この建築物は当初、「太陽産業株式会社」と言う会社の事務所兼住宅であったという。現在、事務所は営業しておらず、住宅としてのみ使用されている。

　「近代化産業遺産総合リスト・北九州市八幡西区編（http://kourokan.main.jp/heritage-yahatanishi.html）」というインターネットのサイトによると、竣功は「昭和戦前期」となっている。しかし、Wさんのお話によると、「（竣功年）は66年前（1945年）ではないか？」との事なので、終戦直前あるいは終戦直後の竣功らしい。
　商店街の途切れる場所であり、なおかつ不定形な敷地割という環境であるが、「よくぞ残ったものだ」と感心した。
　現在では市街地に埋もれ、目立たない建物となってしまっているが、竣功当初は「モダンな建物」として人目を惹いた事であろう。

JR三角駅

竣功年：1937年
所在地：熊本県宇城市三角町
設　計：不詳（国鉄職員？）
施　工：不詳（国鉄指定の建設会社？）
用　途：交通施設（JR駅舎）

　JR三角駅は、戦前の1937年に竣功された。

　この駅舎は1987年、時計台及び展望デッキを設置するなど、大幅な改築が施された。ところが、時計台はともかくとして、展望デッキは地域住民の間でも鉄道ファンの間でも非常に評判が悪かったらしく、「折角の駅舎が台無しになった」との声もしばしば挙がったという。

　その為か、2011年の観光特急「A列車で行こう」運行に合わせて、更なる改築を施す決定がJR九州でなされた。改築に際して、時計台は取り換えられる形で残されたが、展望デッキは撤去され、JR三角駅はすっきりした外観に生まれ変わった。更に外壁はベージュ色に塗り替えられたが、これは「16世紀の南蛮文化」のイメージに合わせたからだという。

　ただ、キリスト教会ではないのだから、時計台に十字架を建てる必要はないと思う。個人的には今後の更なるデザインの検討を、JR九州にお願いしたいところである。

原田写真場

竣功年：昭和10年代？
所在地：熊本県熊本市中央区
設　計：不詳
施　工：不詳
用　途：商業施設（写真館）

　熊本市の中央市街地のアーケード街を抜けた場所に、この原田写真場は佇んでいる。
　建物の角を削ぎ落とし、そこにエンブレムを掲げた外観は非常にインパクトがある。2階の窓枠は、現在はアルミサッシになっているが、竣功当初はおそらくは木製だったであろう。窓枠は竣功当初のものではないだろうが、窓の手すりのデザインはアール・ヌーヴォー（植物の蔓等をモチーフとしたデザイン）風であり、恰も(あたか)ヨーロッパの都市の一画にある、小さな商店を髣髴(ほうふつ)させる。また、この写真館の手前に建てられたガス灯風の街灯も、建物を彩るのに一役買っている。
　原田写真館を経営されておられるＴさんに直接お会いしてお話を伺ったところ、Ｔさんは「竣功年は昭和20年代ではないか？」と仰られた。しかし、後に電話で再確認したところ、「竣功はおそらくは昭和10年代」まで遡る(さかのぼ)可能性があるとの事だそうである。
　原田写真場が所在している界隈は、戦後に再開発が進み、往時を偲ばせる建築はごく僅かしか残されていない。しかし、願わくはそれらの建築物も、いつまでも市民に親しまれて行ってほしいと思う。

宇部市渡辺翁記念会館

竣功年：1937年
所在地：山口県宇部市
設　計：村野藤吾
施　工：㈱高砂工務店・他
用　途：文化施設（記念館）

　宇部市渡辺翁記念会館は、当地が生んだ偉人・渡辺助策（宇部興産創業者）の偉業を記念して建設された。

　外観は、建物前部の5本の柱が印象的であるが、この柱には特に役割は無く、あくまでも建築物にアクセントを添えるためだけに建てられたらしい。

　外観も然ることながら、内部もなかなか趣向を凝らしている。この記念館は、建設当時最先端のテクノロジーであった「飛行機」をモチーフとしているという。言われてみるとなるほど、流線形や曲線を多用した渡辺翁記念会館は、確かに飛行機を髣髴させる。

　1930年代、ヨーロッパでは「ドイツ表現主義」という芸術・建築様式上の思想が、各地を席捲していた。この思想は結局、全体主義に隷属させられてしまったが、ともあれ、その波は日本にも及び、こうした建築物が誕生したと言える。

　同館は、「BELCA賞ロングライフビルディング部門」を受賞している。BELCA賞は、「我が国に於ける良好な建築ストックの形成に寄与することを目的とする」賞である。この記念館を見ても、「良好な建築ストック」として受賞対象となったことは肯けるだろう。

終戦直後の建築 CHAPTER 2

1946-
1950

1945年8月15日、日本はポツダム宣言を受諾し、アジア・太平洋戦争が終結した。

　戦前の日本政府は、周辺国を武力によって隷属させ、日本を欧米に対抗し得るアジアの盟主とする事を国是としていた。しかし、度重なる戦争は日本の財政を圧迫し、人的資源やエネルギー資源の浪費を招いた。また、朝鮮半島や台湾、中国大陸に太平洋の島嶼部等を強引に植民地化し、日本文化を押しつけた事は、現地の住民と日本人との間に軋轢を生む元凶ともなったのである。

　戦後のGHQ（連合国軍総司令部）及び新生日本政府は、それらの反省から、戦争放棄・国民主権・基本的人権の尊重を謳った日本国憲法を制定した。現代の日本の平和と安定は、日本国憲法によってもたらされたと言えよう。

　終戦直後の建築界はどうであっただろうか？

　この時期、モダニズム建築が持て囃された。「モダニズム建築」は、基本的に鉄筋コンクリートによって建設されている。また、過去の様式にとらわれず、装飾を排除している事が最大の特徴である。

　日本におけるモダニズム建築は、関東大震災（1923年）直後にその萌芽を見る事ができるが、本格的に花開いたのは戦後になってからと言えよう。当時の日本人は、モダニズム建築に「未来的なもの」を見出していたのである。

　終戦直後は、キリスト教会が雨後のたけのこの如く建設された時期でもある。

　戦前のファシズム体制下の日本政府は、国家神道を半ば強制的に日本国民や植民地の住民に押しつけていた。もちろん戦前の日本にも、キリスト教会は存在していたのだが、国家神道が台頭するにつれて、キリスト教会及びクリスチャンは肩身の狭い思いを余儀なくされたのである。

　戦後、GHQの指導等によって信仰の自由が本格的に認められると、キリスト教会の活動も息を吹き返したかのように活発化し、日本社会に溶け込んでいった。

　モダニズム建築は「工業化（つまり建築物の機能優先主義化）」、そして「日常的に使用される事」を前提にしている。戦後の日本は、工業化が戦前よりも一層進展し、迎賓館のような「非日常的」な西洋館の建設が下火になった時期でもある。その一方で、伝統的な西洋館を踏襲する、キリスト教会の建設が盛んになった。

　終戦直後の日本の建築界は、モダニズム建築とキリスト教会が隆盛を極めた。

　やがて、朝鮮戦争が勃発し、それを契機として日本は本格的な高度経済成長の時代を迎えるのである。

萬龍
まんりゅう

竣功年：1947年
所在地：福岡県北九州市門司区
設　計：不詳
施　工：不詳
用　途：商業施設（飲食店）

「萬龍」は、現在は中華料理店である。

しかし、この店舗が所在している場所には戦前、中国との貿易に携わる貿易商社が置かれ、当時のオーナーも福建省出身の華僑であった。

終戦直後にこの商社は廃業し、建物も解体されたが、1947年にこの土地は中華料理店として生まれ変わったのである。

本書の趣旨は「西洋館」であるため、中国風建築（つまり「東洋館」と言える）はお呼びではないかもしれないが、「東洋館」も「西洋館」も、異国風建築という点は共通していると思うので、ご了承願いたい。

ところで、「萬龍」は門司港の、いわゆる下町と言える場所に所在している。門司港の下町である清滝・栄町・錦町・本町などは、西洋館が建ち並ぶ表通りと比較するとあまり目立たないが、折からの昭和ブームの影響からか、訪れる観光客も増加しているらしい。

門司港は点在する西洋館を活かして、観光地として再生した。しかし、懐かしい昭和の香りを残す清滝・錦町などの下町もまた、門司港の「もう一つの顔」なのである。

西鉄甘木駅

竣功年：1948年
所在地：福岡県朝倉市甘木
設　計：西日本鉄道株式会社
施　工：不詳
用　途：交通施設（私鉄駅舎）

「甘木駅」は、第三セクター甘木鉄道の駅と西日本鉄道甘木線の駅の、2カ所に存在している。ここで取り上げるのは後者の甘木駅である。

　この駅舎の竣功年は1948年。設計者は不詳であるが、西日本鉄道に所属する技師だったらしい。施工を請け負った建設業者も不詳である。

　ところで、JR門司港駅、旧JR折尾駅、そしてこの西鉄甘木駅など、外壁をピンク色に塗装した木造駅舎は多い。その理由は不明であるが、自分なりに推測すると、夜間の暗闇にも映えるような色にしたからではないだろうか？　もちろん真相は判らない。しかし、青などの寒色よりも、ピンク色などの暖色の方が、夜間に遠目にも駅が判別できるだろう。

　西鉄甘木駅は、現存する西日本鉄道の駅舎では最古のものであると言う。その意味でもこの駅舎は、国指定重要文化財のJR門司港駅と同等の価値があると私は思っている。

福岡製粉會館

竣功年：1950年？
所在地：福岡県福岡市博多区
設　計：清水建設
施　工：清水建設
用　途：オフィス

　福岡製粉會館は、終戦直後に博多の下町である冷泉町に建設された。

　この建物の所在している地区周辺は、戦争中に空襲の被害を受けているので、櫛田神社近辺を除き、戦前の町家はほとんど残されていない。つまり、福岡製粉會館は焼け野原の中に逸早く建設された西洋館なのである。

　福岡製粉會館の外観の特徴として挙げられるのは、2階中央部をＶ字型に凹ませているという点である。また、1階玄関の木製の細い支柱も、軽快な印象を与えるであろう。

　私がこの建物を訪問した際の、事務員の方の話が印象的であった。

　その方のお話によると、ある時、知り合いの70代の女性の方が、「この辺りは変わってしまったが、ここだけは自分の若い頃のまま」と語られたそうである。

　終戦から70年もの時が流れ、博多の町並みも目まぐるしく変わっていった。しかし、人間は、いつまでも変わらないものを見ると、安堵するというのも事実なのである。

佐賀県庁本館

　　竣功年：1950年
　　所在地：佐賀県佐賀市
　　設　計：安部美樹志
　　施　工：不詳
　　用　途：公共施設（県庁舎）

　佐賀県庁本館は、終戦直後（1950年）に建設され、現在も使用されている重厚な庁舎である。
　建物中央玄関部（車寄せ）は、3層の吹き抜けとなっており、4本の装飾の無い円柱をアクセントとしている。また、両翼は左右対称かつ直線を多用し、シンプルにまとめ上げられている。
　現在の佐賀県庁本館のモデルとなった建築物は、やはり1886年に建設された旧佐賀県庁舎であるという。旧庁舎は1949年に火災で焼失し、近隣に建設されたが別の場所に移築された旧警察本部庁舎は火災を免れ、現在「レトロ館」として公開されている。
　現在の佐賀県庁舎本館は、火災に遭った後に泥縄的に建設された訳ではないと思うが、ともあれ、この庁舎は1950年以降威風堂々とした姿で佐賀県民の生活を支えて来たのである。

カトリック別府教会

竣功年：1950年
所在地：大分県別府市
設　計：不詳
施　工：不詳
用　途：宗教施設（カトリック教会）

　カトリック別府教会は、1950年に建設された。

　この教会は、もともと1927年に市内の一民家で発足したという。その後、1931年に大分教会から独立し、別府市とその周辺を統括する別府小教区となった。そして戦後、現在の場所に、立派な聖堂が建設されたのである。

　教会で神父を務められておられる方からお話を伺ったところ、モデルとなった建築物は、スペインとの国境に近いフランスのルルドという町の聖堂であると言う。

　このルルドの町は、日本人にはあまり馴染みが無いであろうが、毎年多くの巡礼者が訪問するカトリックの重要な巡礼地の一つである。

　この教会の外観は、典型的なゴシック様式である。しかし、内部の柱はゴシック様式ではなく、ギリシャ建築の意匠を採用している。もっとも、本書では建築物内部の写真は公表しないので、興味を持たれた方は、実際に足を運ばれてご自身の目で確認される事をお薦めしよう。ただし訪問の際は、信者の方々のご迷惑にならないように。

旧小百合愛児園

竣功年：1948年
所在地：大分県別府市
設　計：不詳
施　工：不詳
用　途：宗教施設（修道院）

　JR日豊本線を通る列車の車窓から見えるこの旧小百合愛児園は、1933年に孤児収容施設として開設された。

　現在の建物は、1948年に竣功されたものである。終戦直後には、小百合愛児園は戦争で両親を亡くした孤児を180人近く養育していた。その後、終戦による混乱が収束してからは、「神の愛宣教者会」を経て、現在は「サレジアン・シスターズ」の修道院として使用されている。

　私が撮影した写真では分かりにくいと思うが、この建物の玄関上部にはカトリックの施設らしくマリア像が置かれ、さらにその上部には鐘塔が設けられている。

　ちなみにこの小百合愛児園は、終戦直後に昭和天皇も訪問したという。その直前まで「現人神」とされていた人物の訪問を受けた訳なので、施設の方々も孤児たちも、非常に気を遣った事であろう。

熊本電気鉄道打越駅（1953年築？）。当初、この駅舎も詳細に解説する予定だった。「これの何処が『西洋館』だ!?ふざけるな！」と言われそうだが。

熊本電鉄北熊本駅

　　竣功年：1949年
　　所在地：熊本県熊本市北区
　　設　計：不詳
　　施　工：不詳
　　用　途：交通施設（私鉄駅舎）

　熊本電気鉄道株式会社は、1909年に設立された歴史の古い鉄道事業体である。
　そもそも熊本電鉄は、設立当初から電車を走らせていた訳ではなく、蒸気機関車の走る軽便鉄道の私鉄として発足した。その後、線路幅の改軌や蒸気から電気への動力変更等、様々な有為転変を幾度も経て来た。熊本電鉄が現在の形に落ち着いたのは、1986年（御代志〜菊池間13.5km廃止）である。

　ところで、熊本電鉄北熊本駅が営業開始した年は1949年。当時は終戦間もない時期であり、海外からの引き揚げ者が大勢日本に帰還して来た時期でもあった。この頃は道路交通も未発達であったので、その需要を満たす為にも路線拡張が行われたのであろう。
　北熊本駅は、入り口側はこれと言った特徴は無い、ごく平凡な駅舎に見える。しかし、一度ホームに出ると、風情のある駅舎だと言う事が判る。縦横に張り巡らされた木の梁、レトロな風情の窓枠、そしてベンチなど、一つ一つデザインが行き届いている。故に私も趣向を変えて、ホーム側から撮影した写真を掲載する事とした。

喜楽湯

竣功年：1949年
所在地：宮崎県延岡市
設　計：不詳
施　工：不詳
用　途：余暇施設（銭湯）

昭和30年代までの日本には、何処の町にも銭湯があった。しかし、住環境の変化、取り分け水洗トイレや家風呂の普及等、水周りが便利で快適なものになるにつれて銭湯は無用の長物となり、経営者は廃業・転業を余儀なくされた。

とはいうものの、経営は楽ではなくとも現在でも地域住民に親しまれ、なんとか生き残っている銭湯が、僅かながら存在する。

喜楽湯も、そんな銭湯の一つである。1949年にこの地に開業して以来、この銭湯は市民に親しまれて来た。喜楽湯は、相撲の巡業が行われた際、有名力士たちも骨休めに訪れたそうである。また、この銭湯はNHKのドラマのロケ場所ともなった事もあり、2011年には延岡市景観賞優秀賞を受賞している。

喜楽湯のご主人には息子さんがおられるが、この銭湯を継がれるかどうかは分からない。願わくは、末永くこの町で市民に親しまれていって欲しいと思う。

JR内牧駅

竣功年：1950年
所在地：熊本県阿蘇市
設　計：不詳（国鉄職員？）
施　工：不詳
用　途：交通施設（JR駅舎）

　熊本県阿蘇市の雄大な自然の中に、この牧歌的な駅舎が佇んでいる。
　設計者は不詳であるが、終戦直後当時の国鉄職員で、建築士の資格を有する人物であろうとのこと。施工業者も、現在となっては資料が散逸しており、不明である。
　この駅舎は、外から見た限りでは2階建てのように見える。しかし一歩中に入ると、そこは吹き抜けとなっており、広々とした空間となっている。また、この駅舎もJR門司港駅や旧JR折尾駅同様、ピンク色に塗装されている。
　JR内牧駅が竣功された当時、国鉄（現・JR各社）は一枚岩の組織であった。その為、このような外壁がピンク色に塗装された駅舎は、九州のみならず全国各地に所在したであろう。
　国鉄が解体され、JR各社が発足して久しい現在でも、この駅舎は開業当時からほとんど姿を変えないまま、人々を迎え入れ、また送り出しているのである。

JR岩国駅

竣功年：1948年
所在地：山口県岩国市
設　計：不詳
施　工：不詳
用　途：交通施設（JR駅舎）

　JR岩国駅は、岩国市の玄関口である。しかし、新幹線を利用する他県の方々にとっては、新岩国駅の方が馴染み深いかもしれない。

　この駅舎以上に、JR岩徳線の西岩国駅は有名であろう。1929年に建設された西岩国駅は、窓の上部および車寄せに錦帯橋のアーチをイメージしたデザインをあしらっている。その秀逸なデザイン故か、西岩国駅は鉄道ファンからの人気も非常に高い。

　一方、岩国駅は、西岩国駅のわずか19年後に建設され、こちらは気取ったところの無い落ち着いたデザインとなっている。平入りの屋根が特徴的なこの駅舎は、何処となく伝統的な日本の商家建築を髣髴させる。外観からは、一見すると鉄筋コンクリート造りのように見えるが、実は木造だという。

　竣功から60年以上が経過し、老朽化も進んでいるが、西岩国駅ともども何時までも残してほしい駅舎である。

CHAPTER 3 高度経済成長期前夜の建築

1951-1957

1950年代、日本はようやく終戦による混乱が収束し、社会も落ち着きを取り戻した。

　終戦から5年が経過した1950年6月、アメリカとソ連によって分割され、対立していた朝鮮半島で戦争が勃発した。いわゆる朝鮮戦争である。

　この戦争で駐日米軍が出払う事による、日本国内の治安悪化を懸念したＧＨＱ（連合国軍総司令部）は、急遽「警察予備隊」の創設を指示した。平和憲法下での実質的な「軍隊」創設は物議を醸したが、ともあれ、警察予備隊は保安隊を経て自衛隊と名称を変更し、現代に到っている。

　朝鮮戦争によって生み出されたものは、警察予備隊だけではない。この時期、アメリカからの物資・サービスの需要が飛躍的に高まり、日本経済は息を吹き返したかのように大発展を遂げた。要するに日本は、隣家の火事で焼け太りをしたようなものだと言える。日本の発展の陰には、朝鮮民族の血が流されていた事を、私たちは忘れてはいけないだろう。

　ところで、この時期の日本の建築は、西洋の古典的な様式建築からほとんど訣別したと言える。「戦災復興」の名目のもと、都市近郊には次々と団地やニュータウンが造成され、狭いながらもモダンな造りの団地は、庶民の憧れの的となった。また、焼け野原となった都市中央部にはモダニズム建築が次々と建設され、見違えるように復興したのである。

　しかし、そうした機能優先主義は同時に、都市の没個性化を招いたとも言える。戦前の日本の都市部では、伝統的な商家建築と西洋からもたらされた洋風建築とがせめぎ合い、それが日本独特の都市景観を醸し出していた。ところが、アジア・太平洋戦争の際の空襲によって商家建築・洋風建築両者とも大半が一掃され、結果的にモダニズム建築の一人勝ちとなった。戦後の日本では、都市部には伝統的な西洋館と言えば、キリスト教会以外はほとんど建設されなくなってしまったのである。

　このように、1950年代には和洋問わず「様式建築」の建設は下火になり、それと反比例するかのように日本経済は大発展をとげた。そして1958年には、高度経済成長が始まるのである。

日本銀行福岡支店

竣功年：1951年
所在地：福岡県福岡市中央区
設　計：日本銀行営繕課
施　工：竹中工務店
用　途：金融施設（日本銀行支店）

　日本銀行福岡支店は、1951年9月9日に、現在西鉄グランドホテルが建っている場所（天神）から現在地に移転した。

　ルネッサンス様式の威風堂々とした姿は、さすがに一般の銀行とは一線を画す。

　この建築物は、日本銀行の営業所としては戦後初の鉄筋コンクリート造りの建築であるという。但し、あくまでも「戦後初」なので、戦前にも鉄筋コンクリート造りの日銀の営業所は存在したかも知れない。しかし、大都市中心部はアジア・太平洋戦争中の空襲によって焼失している場合が多いので、戦前の建築物はほとんど残っていないだろう。

　戦後に建設されたこの建物は、当然戦争の被害には遭っていない。しかしながら、空襲の被害に遭い、あるいは戦後の再開発の余波を受けて姿を消していった過去の日銀の姿の衣鉢を、この日本銀行福岡支店は継承しているのではないだろうか？　そうした意味でも貴重な建築遺産といえるだろう。

旧山陰合同銀行本店

竣功年：1953年
所在地：島根県松江市
設　計：日建設計工務（現・日建設計）
施　工：大林組
用　途：文化施設（ギャラリー）・オフィス

　旧山陰合同銀行本店は、現在、企業のオフィス及び、一部がギャラリーとして松江市民に開放されている。

　後に付け替えられたであろう1階部分の庇(ひさし)が多少気になるが、如何にも戦前の様式建築を踏襲している外観は、現在でも十分威厳を醸し出している。

　しかし、この建築物のすぐ背後に建設された山陰合同銀行現本店は、高層且つ威厳よりもむしろ威圧感を感じさせる。そもそも、明治時代から昭和初期にかけての銀行建築は、周囲の商家建築と比較すると威圧的に見えたものである。故に建設当初はこの旧本館も、市民からは威圧的に見えたに違いない。しかし、近年になって旧本館の背後に更に威圧的な現本館が建設されたので、旧本館は相対的に威圧感が減少し、そればかりか、周囲の下町らしい環境に上手く溶け込んでいるようにも見受けられる。

　逆説めいた言い方のように思われるだろうが、「威圧的な建築物」にもこのような効果があると言えよう。

薬師湯

竣功年：1954年
所在地：島根県大田市温泉津
設　計：不詳
施　工：不詳
用　途：余暇施設（公衆浴場）

　温泉街では国内唯一、重要伝統的建造物群保存地区に指定されている島根県大田市温泉津。
　この温泉街のほぼ中心部に、薬師湯という公衆浴場が佇んでいる。「薬師湯」という名称は2000（平成12）年頃から使われ始めたもので、以前は「藤乃湯」と名乗っていた。建設当時は温泉津の温泉街では、唯一の鉄筋コンクリート造りの建築物であったという。
　この公衆浴場で最も目を惹くのは、2階の円柱状に突出した部分であろう。この円柱状の部分には支柱が無く、2階からせり出すように設けられている。但し、窓ガラスは、当時の技術では円柱に沿った歪曲したものを製造する事が困難だったらしく、平面ガラスを使用している。
　隣の1919年築「震湯」は、ガイドブックに掲載されるなどして非常に有名であるが、薬師湯は華やかな震湯の陰に隠れがちという印象を受ける。しかし、薬師湯は震湯が手狭になった為に新設されたもので、震湯とは「姉妹」のようなものである。今後も2棟ともども末永く守り続けてほしいと思う。

旧大分銀行大里支店
(現・岡野商事)

竣功年：1954年
所在地：福岡県北九州市門司区大里
設　計：不詳
施　工：佐伯建設？
用　途：オフィス

　旧大分銀行大里支店（現・岡野商事）は、旧福岡銀行門司駅前支店に寄り添うように建っている。

　旧大分銀行大里支店に関しては、現在別の場所に所在している同行の職員の方が懇切丁寧に説明して下さった。

　設計者は不明。ただ、この建築物は、かつて門司港に所在し、現在は解体されている旧大分銀行門司支店（ややこしい事だが、大里支店は門司港レトロ地区に所在してはいない）と意匠が酷似しているので、あるいは同一の建築家が設計したのかも知れない。

　また、旧大分銀行大里支店の施工を請け負った建設業者は、佐伯建設と言われているが、定かではない。

　かつては大分銀行も、数多くの戦後生まれの様式建築を擁していたが、そのほとんどは現在解体されている。この旧大分銀行大里支店は、同行が建設した「戦後洋館」の、数少ない生き残りと言えよう。

カフェ・ブラジレイロ

竣功年：1951年？
所在地：福岡県福岡市博多区
設　計：一久某
施　工：一久某
用　途：商業施設（喫茶店）

「カフェ・ブラジレイロ」は、1934年に開業した老舗の喫茶店。

戦前は福岡の文士や知識人たちの集うサロンとして繁盛し、また、本場ブラジルのコーヒーが味わえる店として親しまれて来た。

オーナーの奥様から頂いたしおりに載っている写真を見ると、東中洲の博多川河畔に建っていた戦前のブラジレイロの店舗は、かなり大規模なものであった事が伺える。しかし、私個人としては、現在の小ぢんまりとした店舗の方が気に入っている。

この店舗の特徴として挙げられるのは、店内の螺旋階段である。この螺旋階段は、問屋街でデザイナー業を営んでいた一久某なる人物の得意とするものであった。

戦前まで、喫茶店（カフェ）は比較的裕福な人々の交流の場であった。そのため一般庶民には縁が遠く、コーヒーも珍しい飲み物であった。しかし戦後、喫茶店は次第に庶民も気軽に入れるようになり、同時にコーヒーも一般的になったのである。

この店舗は福岡市都市景観賞候補になった事もあるが、それも肯けるところであろう。

祇園ビル

竣功年：1951年
所在地：福岡県福岡市博多区
設　計：不詳
施　工：不詳
用　途：商業施設（雑居ビル）

「祇園ビル」は、典型的なモダニズム建築と言えよう。

モダニズム建築の特徴は、装飾を排し、幾何学的な抽象性をモチーフとしている点にある。

1951年に建設されたこの祇園ビルも、装飾を一切加えず、縦に細長い窓は幾何学的に配置されている。

さらにインターネットで調べてみたところ、祇園ビルには喜劇俳優の小松政夫氏（福岡市出身）が、若い頃、実業家だった父や家族とともに一時期暮らしていたという記述があった。建物自体は素っ気ないが、このビルは有名人にも愛されていたと言えよう。

1950年代前半は、終戦直後の日本が将来どうあるべきかを模索していた時期であり、当時の人々は、この時期に建てられた祇園ビルに「未来的なもの」を見出していた筈である。しかし、現代では逆に、下町らしさを残す建物内部に「懐かしさ」を感じ取る人も多いだろう。

下関バプテスト教会

竣功年：1957年
所在地：山口県下関市
設　計：不詳
施　工：不詳
用　途：宗教施設（プロテスタント系教会）

　バプテスト派は、キリスト教プロテスタントの一派である。
　ウィリアム・メレル・ヴォーリズによる建築には、バプテスト派に所属するものが多い。ヴォーリズ自身はカトリック、プロテスタントを問わず、数多くの教会建築を手掛けて来た。しかし、アメリカ人であるヴォーリズにとっては、プロテスタント系の教会建築の方に、より強い思い入れがあったのかも知れない。
　なお、この下関バプテスト教会の設計者・施工業者は、共に不明である。しかし、簡素にして機能的なフォルムを鑑みるに、あるいはヴォーリズか、ヴォーリズ建築設計事務所の手による作品かも知れない。
　ところで、カトリック・プロテスタントを問わず、キリスト教会は堂宇の竣功即ち教会の完成という訳ではない。キリスト教会では、堂宇の竣功後に「献堂」と呼ばれる儀式を行う。この儀式で神様に堂宇を捧げる事によって、初めて教会は完成するのである。

旧田原眼科

```
竣功年：1953年？
所在地：福岡県福岡市東区箱崎
設　計：不詳
施　工：不詳
用　途：現在使用されていない
```

　この旧田原眼科は、今なお門前町の面影を残す福岡市東区箱崎で「はこざき写真館」（2011年竣功）の写真を撮影に出掛けた際に、偶然見かけたものである。
　もしかすると戦前の建築物かも知れないが、法務局で調べてみても「1953年に西日本相互銀行（現・西日本シティ銀行）が入居」という事しか判明しなかった。ともあれ、戦後に竣功された可能性もあるので、ご了承願いたい。ちなみに、この建物が田原眼科として所有者移転されたのは、1978年との事である。
　外観もさることながら、内部にも注目すべき点がある。セキュリティの関係で内部の写真は撮影しなかったが、この建築物が銀行として使用されていた頃の名残りらしく、カウンターによって事務を行う部分と、待合所の部分が隔てられている。
　ところで、後日別件で箱崎を訪れた際、この眼科医院が院長の急病により廃業するとの張り紙が建物に貼られていた。つくづく惜しまれる。

※本書の校正中、この建築物は残念ながら解体された。

岡野商事所有の旧銀行建築2棟。旧福岡銀行門司駅前支店の方が、やや小振りである。

旧福岡銀行門司駅前支店（現・岡野商事）

竣功年：昭和20年代？
所在地：福岡県北九州市門司区大里
設　計：不詳
施　工：不詳
用　途：倉庫？

　37ページで紹介した旧大分銀行大里支店とこの古い銀行建築は、まるで仲の良い夫婦のようにも見える。所有者は、旧大分銀行大里支店と同様、岡野商事である。ちなみに岡野商事は「岡野バルブ」という会社と同系列で、現在この銀行建築は同社の倉庫として利用されているらしい。

　旧福岡銀行門司駅前支店は、旧大分銀行大里支店以上に様式建築を踏襲している。この建築は、ドーリス式の変形であるトスカナ式オーダーを、更に変形させたファサード（道路に面した建物の正面部分）が特徴的である。詳しい説明は省略するが、興味を持たれた方は建築用語辞典等を参照して頂きたい。

　インターネットのサイト「近代化産業遺産総合リスト」（http://kourokan.main.jp/）によると、この建築物は昭和20年代の築という。更に詳しく調べてみたが、結局正確な竣功年は判明しなかった。但し、1964年に約30㎡増築された事は判った。ともあれ、この建築物が将来文化財に指定される可能性もあるので、今後の更なる調査に期待したい。

ホーム・リンガ商会を裏側から撮影した写真。自動販売機とエアコンの室外機が気になるが、建築物の裏側も興味深いだろう。

ホーム・リンガ商会

竣功年：1954年
所在地：福岡県北九州市門司区
設　計：不詳
施　工：不詳
用　途：オフィス

　ホーム・リンガ商会は、私が最も気に入っている「戦後洋館」である。

　旅行情報誌『るるぶ』（JTBパブリッシング）の記者もしくは編集者にも「ホーム・リンガ商会萌え」の方がおられるらしく、『山口 萩 下関 門司港 津和野』の巻には毎号このビルの写真が掲載されている。

　しかしながら、この建築物は歴史が新しいにもかかわらず、謎が多い。設計を手掛けた建築家も、施工を請け負った建設会社も、資料が散逸してしまっており不明なのである。

　ホーム・リンガ商会の歴史は古く、グラバー商会の社員であったフレデリック・リンガによって、幕末の長崎で創業された。ちなみに、この会社が現在のビルに移転したのは意外に最近の事で、1983年である。現在のビルは竣功当初、門司市（現・北九州市門司区）が所有・管理していたという。外観は、ピンク色の外壁と2階の半円形の窓が特徴的であり、シンメトリー（左右対称）の見た目は、バランスの良さを印象付ける。

　ともあれ、ホーム・リンガ商会はJR門司港駅や旧門司三井倶楽部にも劣らぬ、レトロ建築と言えよう。

安川電機本社の、波を打ったような庇はレーモンド建築の特徴である。

安川電機本社

竣功年：1954年
所在地：福岡県北九州市八幡西区
設　計：アントニン・レーモンド
施　工：㈱大林組
用　途：オフィス

　安川電機は、産業用ロボットのメーカーとして国内のみならず、世界的にも有名である。

　その本社は、チェコ出身のアメリカ人建築家アントニン・レーモンドの手によるもので、1954年に竣功された。このビルはバイパス工事の為に2003年に一部が解体されたが、その後は大幅な改築も行われず、2009年には第5回北九州市都市景観賞の栄誉にも浴している。

　建築構造としては、当時最新鋭の技術であった「ラーメン構造」を採用している。これは、柱を建物内側に収め、立体面に柱型を出さないようにした構造である。また、建物の南側および東側に、直射日光遮断の為に銅板の水平ルーバーを吊っている点も特徴的である。

　更に、レーモンドの建築の特徴として挙げられる事は、出入り口や車寄せなどに見られる波を打ったような庇であろう。建築物本体のみならず、こうした細部にも注目すべき点がある事が、レーモンド建築の興味深い特徴なのである。

四月の魚

竣功年：1955年
所在地：福岡県うきは市吉井
設　計：不詳
施　工：不詳
用　途：商業施設（雑貨店）

　いかにも昭和30年代の建築という雰囲気の漂う「四月の魚」は、雑貨店である。
　竣功当初は小児科医院であり、その後、歯科医院、デザイナーのアトリエを経て、現在の雑貨店に到っている。設計を手掛けた人物は、最初の所有者であった小児科医の方らしい。建築物自体は木立で覆われて判りにくいが、木の窓枠や配色は竣功当時のままだと言う。
　うきは市吉井地区は、重要伝統的建造物群保存地区（重伝建地区）に指定されている為に建築の規制が非常に厳しく、瓦屋根も周囲の環境に合わせなければならないという条例がある。しかし、現オーナーのこだわりにより、特例としてオレンジ色の瓦を使用する事を許可されたと伺った。
　町並みを魅力的にするに当たっては、重伝建地区に指定されているからと言って頭を固くする事は無く、時にはこのように柔軟な思考をする必要もあるだろう。

八幡バプテスト教会

竣功年：1955年
所在地：福岡県北九州市八幡西区
設　計：一粒社ヴォーリズ建築事務所
施　工：不詳
用　途：宗教施設（プロテスタント系教会）

八幡バプテスト教会は、日本各地に足跡を残したアメリカ人建築家である、ウィリアム・メレル・ヴォーリズが設計を手掛けた作品である。

プロテスタント教会は、カトリック教会と比較すると、概して簡素なものが多い。これは、プロテスタントが質素倹約を旨(むね)とする宗派だからである。

バプテスト派は、そのプロテスタントの中でも特に華美な様式を否定しており、この教会も一見すると教会には見えないほど簡素なつくりである。

ヴォーリズの手掛けた建築物は、バラエティに富んでいる。コロニアルスタイル（吉田邸）からアール・デコ（大丸心斎橋店）、さらにあまり知られてはいないが、和風邸宅（村岡邸）の作例もある。

ヴォーリズは、合理性と簡素さ、そして日本の風土に合った建築を心がけていたと言う。バプテスト派の思想とヴォーリズ建築の方針とが相俟(あいま)って、このような教会が生まれたと言えよう。

北九州市立八幡図書館

竣功年：1957年
所在地：福岡県北九州市八幡東区
設　計：村野藤吾
施　工：不詳
用　途：文化施設（図書館）

　八幡市立図書館（現・北九州市立八幡図書館）は、福岡県では戦後初の鉄筋コンクリート造りの図書館であると言われている。
　1階は、一部をピロティ（1階部分を吹き抜けとして、2階以上を利用すること）としている。これは、移動図書館のための車庫を確保する為だという。
　この図書館の最大の特徴は、鉱滓煉瓦（粘土に高炉の副産物である鉱滓を加え て焼成した煉瓦）をモザイク状に貼り詰めた外壁であろう。村野藤吾は、鉱滓煉瓦を装飾に用いた作品を他にも幾つか残している。この図書館は、その代表的なものである。
　「鉱滓煉瓦を用いた装飾」の源流は、北欧にある。村野は1930年と1953年に訪欧しているが、その際宿泊したマルメンホテル（スウェーデン）が、この建築物のヒントになったのではないかと言われている。
　村野藤吾の作品は過去の因習にとらわれない自由な発想のものが多く、「鉱滓」という産業廃棄物とされていたものに目を向けたのも、彼の発想力のなせる業なのである。

旧スワン美容室

竣功年：昭和20年代
所在地：佐賀県唐津市呼子
設　計：不詳
施　工：不詳
用　途：現在使用されていない

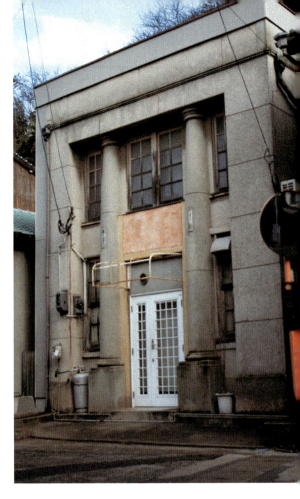

　佐賀県北部の港町・唐津市呼子の昔懐かしい町並みの中に埋もれるように、「旧スワン美容室」の建物が佇んでいる。元は、佐賀興業銀行の呼子支店として建てられたものである。
　この建築物の最も目を惹く部分は、入り口両脇にある2本のギリシャ建築風の柱であろう。この柱は、本物の柱として建築物を支えている訳ではなく、あくまでも意匠として用いられているようである。
　柱をさらによく見ると、上部より中ほどの部分が膨らんでいる。この形状を「エンタシス」と言い、ギリシャ・ローマの神殿建築でよく見られる意匠である。エンタシスは、シルクロードを経て日本にも伝わり、法隆寺五重塔の建立の際にも用いられたと言われていたが、現在ではその説は否定されている。話を戻すが、現在この建物は使用されておらず、空き家同然となっている。呼子は佐賀県屈指の観光地なので、この建物を再活用しない手は無いと思うが、如何なものだろうか？

小笠原記念館

竣功年：1956年
所在地：佐賀県唐津市
設　計：今井兼次
施　工：竹中工務店
用　途：文化施設（資料館）

　唐津藩の旧藩主である小笠原家は、幕末の52年間だけ唐津を統治していた家柄だが、現代でも市民に親しまれている。
　唐津藩最後の藩主である長国(ながくに)の時代には、領民から好感を持たれるような統治を行っていたため、明治時代に入っても郷土の人たちは小笠原家を慕い続けたという。
　小笠原記念館は、その唐津藩の歴代藩主をはじめ、郷土にゆかりの深い偉人等の遺品を、一般に公開するために建てられた。
　早稲田大学教授であった今井兼次の設計したこの建築物は、耐火耐震の鉄筋コンクリート造りではあるが、日本建築の様式を採用している。まさに「和魂洋才」を体現していると言えよう。
　この記念館の建設に際しては、1953年に発起人会が立ち上げられた。しかし、その後は思うように建設資金が集まらず、開館に到るまで5年を要したという。このように、何事にも「産みの苦しみ」はつきものなのである。

服部植物研究所

竣功年：1951年
所在地：宮崎県日南市飫肥
設　計：不詳
施　工：不詳
用　途：学術施設（研究所）

「服部植物研究所」は、1946年3月1日に主に蘚苔類の研究を行う事を目的として設立された。現在は日南市飫肥の本館の他に、愛知県岡崎市にも分室を構えている。

研究所の外観そのものは到って地味であり、飫肥を訪れる観光客も、何も知らなければ「単なる現代的な住宅」と認識して素通りしてしまうだろう。しかし、この研究所は世界でも類を見ない蘚苔類の研究に特化した機関であり、数多くの学位論文を発表してきた、植物学会でも知らぬ者はいない程の知名度を誇る研究所なのである。

この建築物には窓が少ない。窓が少ない理由は、暗く湿度の高い場所を好む蘚苔類の生育の為と私は考えたが、研究所の方から電話でお話しを伺ったところ、「そうではない」とのこと。現在の建物は元々材木を扱う事務所で、単に「西洋建築は必然的に窓が少なくなる」という事が真相らしい。

宮崎太陽銀行
延岡支店

竣功年：1954年
所在地：宮崎県延岡市
設　計：不詳
施　工：清水建設
用　途：金融施設（銀行）

　宮崎県延岡市の、アーケード街にほど近い場所に、この銀行建築は佇んでいる。
　竣功は1954年。設計者は不詳であるが、施工を請け負った建設会社は清水建設という事が判明している。
　竣功年の1954年は、昭和29年に該当する。つまり、この建築物は日本が終戦を迎え、新たなスタートを切った最初の10年である昭和20年代最後の建築なのである。
　外観は当時流行したモダニズム建築の、典型的な作例と言える。装飾の少ない外壁や、鉄筋コンクリート造りの建築素材にそれが伺える。
　また、この銀行建築は、福岡県福岡市博多区の「祇園ビル」にも酷似している。祇園ビルも、設計者は不明であるが、あるいは同一人物の設計によるものかも知れない（勿論安易な推測は禁物だが）。更に終戦後、戦地から復員してきた若手建築家の手によるものだろうか？　と、想像は膨らむ。
　いずれにせよ、この建築物は、新時代の息吹を感じさせると言っても過言ではないだろう。

延岡市公会堂野口記念館

竣功年：1955年
所在地：宮崎県延岡市
設　計：日建設計工務株式会社
施　工：大林組？
用　途：文化施設（記念館）

延岡市は化学製品メーカー・旭化成の「企業城下町」と言える。

1953年、旭化成は創業30周年、そして延岡市の市制20周年を記念する事業として、この地に公会堂を建設する事を決定した。「野口記念館」と言う名称は、旭化成の初代社長で、日本窒素肥料（現・チッソ）野口遵翁の遺徳を偲んで命名されたそうである。

竣功から18年経た当時の延岡市の助役だった小野良一は「当時、地方には音響効果のすぐれた会場というものがなく（略）そこで音響効果と舞台装置には特別な配慮が加えられ、音楽や演劇などの文化的に価値の高いものも乗せられるように」との思いから、市民の文化向上の為に同館建設が決定されたと回顧している（「夕刊デイリー」2005年11月21日）。

ただ、市民は必ずしも同館建設を手放しで歓迎していた訳ではなく、いわゆる「ハコモノ」に過ぎないとの厳しい指摘もあったようである。

しかしながら、野口記念館はモダニズム建築の粋を集め、建築史的に見ても重要なものである。竣功から半世紀以上の歳月を迎え、この建築物も円熟した味わいを増したと言えよう。

島原市役所

竣功年：1952年
所在地：長崎県島原市
設　計：中村進
施　工：大長崎建設株式会社
用　途：公共施設（市役所）

　今なお城下町の風情を色濃く残す長崎県島原市。この町の一角に、戦後の混乱も多少落ち着いた1952年竣功の、島原市役所が佇んでいる。

　島原市役所からの回答によると、外観の特徴に関して言えば、このような記録が残されているという。「柔らかみがあって、しかも役所としての威厳を損じない。しかも市民が親しめるようなデザインを目指して建設した」。設計を手掛けた中村進氏も、この庁舎のコンセプトのために大変腐心したのであろう。また、この庁舎の基礎杭には、松の木を使用したそうである。

　島原市役所の他にも、島原市には趣（おもむき）のある建築物が数多く残されている。特に近年注目を集めている建築物は、かつての理容室を改築した喫茶店「青い理容室・もも」だろう。また、私が以前見かけた市内のカトリック教会の堂宇（どう）も、なかなかユニークなデザインと思った。

　1990年11月、雲仙普賢岳の噴火により、島原半島の産業は甚大な被害を被った。その災害を乗り越え、見事に地域復興を果たしたかの地は、東日本大震災の傷手に打ちひしがれる東北地方復興の、大きなヒントになるかもしれない。

JR都農駅

竣功年：1951年
所在地：宮崎県児湯郡都農町
設　計：不詳
施　工：不詳
用　途：交通施設（JR駅舎）

杉崎行恭氏の『行ってみたい駅50　駅旅入門』（JTBパブリッシング）という書籍の中に、JR都農駅に関する記事が、ほんのわずかだが掲載されている。

それによると、都農駅の特徴は「九州駅舎の魂を宿す、上を向くデザイン」とのこと。いささか抽象的な記述ではあるが、「九州駅舎」という言葉を使っている事から見ると、この駅舎の設計者は不明ながらも、現在のJR九州管内の駅舎建築を数多く手掛けた人物の手によるものかも知れない。

ところで、この駅の管轄は少々複雑である。現在、都農駅はJR宮崎鉄道事業部の管轄下にある。しかし、その宮崎鉄道事業部の上には大分鉄道管理局が存在している。更に、国鉄時代にこの駅舎が建設された際は、何故か山口県の下関工事局が工事の一切の責任を請け負い、その後の管理責任部局は資料が散逸しており詳細が不明になっていると言う。

当時の国鉄は一枚岩の組織であったが、良く言えば硬直した官僚組織ではない、悪く言えば余りにも大らか過ぎる所があった、と言えよう。

日本銀行熊本支店

竣功年：1957年？
所在地：熊本県熊本市中央区
設　計：非公表
施　工：非公表
用　途：金融施設（日本銀行支店）

　かつて熊本市の中心市街地に、肥後銀行本店が所在していた。しかし、最近になってこの建築物が、店舗移転の為に解体される運びとなった。私はこの銀行建築を掲載したかったのだが、同行はセキュリティを重視しているためか、解体する予定の建築であっても書籍等への写真掲載はお断りしているそうである。

　そのような理由で、肥後銀行本店の写真掲載は見送らざるを得なかったが、幸いにも日本銀行熊本支店の方からは写真掲載の許可をいただいた。

　但し、こちらもセキュリティ上の都合により、設計者・施工業者は共に非公表となっている。しかしながら、支店の開業年が1957年ということを、銀行の方が私に教えて下さった。

　日本銀行熊本支店の現在の建物が、開業年と同じ1957年に竣功されたかどうかは判然としていない。もしかするとそれ以降ということも考えられるが、ともあれ、純然たるモダニズム建築のこの銀行が、戦後の築であることは確かであろう。

高度経済成長期の建築

CHAPTER 1

1958 -1972

日本における高度経済成長の時代が、いつ頃から始まるのかは意見の分かれるところだが、大体1958年前後というのが一般的な見解であろう。

　1952年、日本はサンフランシスコ講和条約に調印し、ＧＨＱ（連合国軍総司令部）による占領状態から晴れて独立を果たした。さらに1956年には国際連合への加盟が可決され、国際社会への復帰も叶ったのである。

　これらの事と前後して、メディアの世界でも革命的な出来事があった。1953年に、ＮＨＫによるテレビ放送が開始されたのである。但し、当時のテレビ受像機は庶民にとっては高嶺の花であり、テレビ番組を視聴できたのはごく一部の富裕層に限られていた。しかしながら明仁皇太子（今上天皇）と美智子妃の結婚が決定すると、「我が家でも成婚パレードをこの目で見たい」と望む家庭が続出し、技術の飛躍的な進歩によるコストダウンも相俟って、テレビ受像機は急速に普及したのである。

　ところで、テレビ放送には電波を発信・中継する施設が必要である。そこで全国各地に建設されたのが、東京タワーに代表される電波塔であった。

　1958年12月、全高333メートルの東京タワーが完成した。この電波塔は、外観はエッフェル塔の模倣に過ぎない。しかし、東京タワーはアジア・太平洋戦争の敗戦によって壊滅的な状態となった日本が、経済的にも技術的にも完全に立ち直った事を、国内外にアピールする恰好の「広告塔」にもなったと言えよう。

　高度経済成長期には、東京オリンピック（1964年）、日本万国博覧会（1970年）というビッグ・イベントがあった。

　この二つのイベントを通して、日本全土は更なる変貌を遂げた。東京・大阪等の大都市において超高層ビルは、もはや珍しいものではなくなり、高速道路網・新幹線などの交通インフラは、日本全土を短時間で往来する事を可能にした。

　超高層ビル・新幹線の路線などの建設には、多大な労働力の確保も必要となる。そのため、大都市の人口はうなぎ登りに増加し、その一方で労働力の供給元である農村部の人口は減少の一途を辿った。

　このような状態は、1970年代に入ってもしばらく続いたが、1973年のオイルショックによって、日本は戦後初の本格的な不況を迎えるのである。

北九州銀行
入江支店

竣功年：昭和30年代？
所在地：山口県下関市
設　計：不詳
施　工：不詳
用　途：金融施設（銀行）

　北九州銀行入江支店は、福岡県北九州市門司区に所在する、同行の門司支店によく似ている。
　比較すると一目瞭然だが、門司支店の方は英国古典主義のモチーフを採用しており、入江支店の方はそれを簡素化したようにも見受けられる。入江支店・門司支店は共に交差点の一角に店舗を構え、角を斜めに切り落としたような意匠が共通している。これらの事から、設計者は不明であるが、入江支店のデザインを手掛けた建築家は、1934年竣功の門司支店のデザインを手掛けた桜井小太郎の影響を受けたと考えられる。
　ちなみに2011年に発足した北九州銀行の前身は、看板に出ているように、山口銀行であった。また、建物も元々は三和銀行の所有であり、その三和銀行も幾多の合併を経て現在、三菱東京ＵＦＪ銀行に統合されている。金融業界は、喰うか喰われるかの弱肉強食の世界なのである。

門司ゴルフ倶楽部
クラブハウス

竣功年：1960年
所在地：福岡県北九州市門司区
設　計：アントニン・レーモンド
施　工：竹中工務店九州支店
用　途：スポーツ施設（ゴルフ場クラブハウス）

「門司ゴルフ倶楽部」は戦前の1934年に開設されたが、このクラブハウスが竣功されたのは、その26年後の1960年である。

設計者のアントニン・レーモンド自身ゴルフを嗜んでおり、それ故に好きなスポーツに関わる建築の設計を依頼された時は、彼も喜んで引き受けたのであろう。

孫引きになるが、安川寛著『ふるさとへ帰る』という随筆によると、この建築物は「なるべく日本家屋の風情を残し、しかも近代的感覚のクラブハウスにすべく」設計されたという。内部は、二つに割った丸太で他の部材を挟む、いわゆる「挟み梁(ばり)」という技法を多用している。この技法は、レーモンドの自邸にも使用されているという。

ちなみにハウスの色彩は、フランスの美術学校を卒業したミセス・レーモンドによるものである。してみると、このクラブハウスはレーモンドのみならず、彼の妻も参加した「合作」と言えよう。

CSOかんさき
神幸館

竣功年：1958年
所在地：佐賀県神埼市
設　計：不詳
施　工：不詳
用　途：公共施設（公民館）

「CSOかんさき神幸館」の「CSO」とは、「Civil Society Organization」の略である。また、「神幸」とは、「神埼」の由来ともなった「神幸の里」（＝神の幸せを受ける平和郷）に因んでいるという。

1958年の竣功当初は郵便局として使用されたが、1973年、公民館としてリニューアルされた。この建築物は、全体的に素っ気ない造りに見えるが、玄関部分が特徴的であり、脇に建つ昔懐かしい円柱ポストもアクセントを添えている。

同館の建つ同じ通りには、佐賀の両替商・古賀善平が設立した旧古賀銀行神埼支店が建てられている。こちらは国登録文化財に指定されている、ルネッサンス様式の瀟洒な建築である。

現在、神埼市は神幸館や旧古賀銀行等を活動拠点として、住民たちによる伝統行事の継承や、市の活性化のためのイベント等を行っている。昨今の少子高齢化のご時世ではこれらの活動を行う事は困難であるが、市民にとっては、だからこそ一層やり甲斐を感じる活動の拠点となっていくだろう。

旧真島写真館

竣功年：1962年？
所在地：佐賀県神埼市
設　計：真島辰美
施　工：不詳
用　途：現在使用されていない

　1962年頃に建設された真島写真館は、現オーナー・真島昭人さんの父君である故・真島辰美さんが自ら設計を手掛けられた、いわゆる「素人建築」である。
　3階建ての奇抜な外観は、遠目からでも印象に残るだろう。実際、このような形態にしたのは、「目立ちたかったからではないか？」と昭人さんも仰っていた。この建築物は、かつて佐賀新聞にも「珍しい建物」として取材されたという。その際は、評判を聞きつけた人々が来店し、写真館も繁盛しただろう。
　そんな真島写真館であるが、建物自体は現在使用されておらず、店舗はスーパーマーケット「サピエ」の店内に移転しているため、無人となっている。
　なかなかユニークな建築物が、使用されずに荒れるに任せている事がつくづく惜しまれる。どなたか、この建築物を有効に活用して頂けないものだろうか？と思わずにはいられない。

大隈記念館

　竣功年：1967年
　所在地：佐賀県佐賀市
　設　計：今井兼次
　施　工：松尾建設
　用　途：文化施設（資料館）

　大隈記念館には、様々な建築家の影響が見られる。この建築物は、スペインのガウディ、スウェーデンのエストベリなど、名だたる建築家の技法を受け継いで設計・施工されたのである。

　中でも、ドイツの建築家・シュタイナーの、「内的精神を宿すものの表れが建築」という言葉を体現しており、それは角張った所の無い有機的なフォルムに表れているように思われる。

　この建築物のステンドグラスは角帽を、入り口は大隈重信公の顔面を表現しているという。さらに目を惹くのは、1階左側の奇妙な穴であろう。これは大隈公がテロに遭遇し、片脚を失うほどの重傷を負った事をイメージしているそうである。

　いずれにせよ、この建築は大隈重信公の人となり、そして彼の生涯を表現しているのである。

樋田(ひだ)地区公民館

竣功年：1959年
所在地：大分県中津市本耶馬渓町
設　計：不詳
施　工：不詳
用　途：公共施設（公民館）

　樋田地区公民館は、1971年に校区の統合により廃校となった、洞門(どうもん)中学校の校舎の一部である。現在は青いペンキで塗装されているが、竣功当初からこの色であったかどうかは判然としない。

　現在のこの公民館が竣功された昭和30年代当時、日本は高度経済成長の只中にあった。この時期は、第一次ベビーブーム世代の子どもたちが中学校に進学し始めた時期でもある。洞門中学校の既存の校舎では、飽和状態にあった生徒を収容しきれなかったため、急遽この建物が建設されたらしい。

　1971年の学校統廃合の後、この建物はしばらくもぬけの殻となっていたが、1975年に樋田地区集会所として活用される事が決定した。そして丁度30年間地区住民の寄合いの拠点となってきた。その後、2005年からは樋田地区公民館となって、現在に到っている。

　それ故にこの建築物は、中学校校舎分館・集会所・公民館と、三度生まれ変わった、地域の生き証人と言えよう。

藤川金物店

　　竣功年：1972年
　　所在地：大分県大分市戸次
　　設　計：不詳
　　施　工：柴田建設
　　用　途：商業施設（金物店）

　大分県大分市戸次は、有名な観光地ではない。しかし、この町には今なお江戸時代から明治時代にかけて賑わった在郷町の面影が随所に残されている。
　「藤川金物店」は、そんな戸次の風情ある町並みの中に佇んでいる。モダニズム風の現在の店舗の竣功年は1972年だが、その左隣の商家建築（これもまた藤川金物店の所有）は1836（天保6）年の築であり、戸次では最古の部類に入る建築物だという。
　藤川金物店の前身は、森屋呉服店という老舗の呉服店であった。一方、藤川金物店自体は1930年の創業である。現在の店舗が建つ土地は、1950年に購入したものである。
　さて、建物に話を戻すと、左右非対称のプロポーションで、2階のステンドグラスが最大の特徴であろう。ステンドグラスは、この店舗の先代のご主人が長崎に旅行に行かれた際、県内の教会に感銘を受けられ、その影響で設けられたのではないか？と、現在のご主人は仰っている。
　藤川金物店の先代のご主人は、金物店を開業される以前に様々な商売を手掛けられたという。その労苦の集大成が、この店舗と言えよう。

すみもと歯科医院

竣功年：昭和30年代
所在地：熊本県熊本市中央区
設　計：不詳
施　工：井手建設
用　途：医療施設（歯科医院）

「すみもと歯科医院」には、私が電話とFAXの番号を間違ってメモしていた為、どうしても電話連絡が付かなかった。それ故、仕方なくアポイントメント無しで伺ったにもかかわらず、院長先生は不躾な私に対しても懇切にお話をして下さった。

すみもと歯科医院の竣功年は、昭和30年代の頃。3階部分は竣功当初は無く、後に増築されたとの事である。設計者は不詳であるが、施工業者は井手建設という会社である事が記録されている。

モデルとなった建築物は特に無いとの事だが、アール・デコ（幾何学的形態を強調したデザイン）風の外観は、木造の町家が軒を連ねていた昭和30年代当時は、非常に目を惹いていたであろう。

この建物が所在している土地には、以前は「増田歯科医院」という別の医院があった。増田医院は、熊本県における矯正歯科のパイオニアであったという。

すみもと歯科医院と増田歯科医院は、直接的な関係は無いと思うが、ともあれ、この地に建つ歯科医院は戦前・戦後と市民に親しまれているのである。

長崎市公会堂

竣功年：1962年
所在地：長崎県長崎市
設　計：武基雄
施　工：大長崎建設株式会社
用　途：文化施設（公会堂）

　長崎市公会堂は、浦上上空に原子爆弾が炸裂した約17年後に竣功された。この建築物は、原爆によって荒廃した長崎の復興の象徴と言える。あるいは、強引にこじつけるならば、廃墟となった長崎が復興する過程に建設された訳で、長崎市公会堂もまた「被爆遺構」と看做せる。それらの歴史的背景もある故か、この建築物は「日本におけるモダン・ムーブメントの建築100選」の一つにも挙げられているのである。

　長崎市公会堂は、竣功から今日まで、様々な文化活動の場として市民に親しまれて来た。ところが現在、この建築物を解体し、跡地に市庁舎を移転させる計画が持ち上がっている。前述の通り、この公会堂は「長崎の復興の象徴」であり「被爆遺構」でもある。わざわざ公会堂を解体し、新市庁舎を建設しなくとも、現行の公会堂に耐震補強工事を施す方が、貴重な建築物を残す事が出来る上に、市民の税の無駄遣いにもならないと思うが、如何なものだろうか？

　私が以前長崎市を訪れた際、市庁舎移転に反対する横断幕をちらほら見かけた。「公会堂解体」は市民の総意ではない。私としては、市議会の方々にその事を理解して頂きたいと思う。

日本薬研

竣功年：1958年
所在地：大分県中津市本耶馬渓町
設　計：不詳
施　工：不詳
用　途：オフィス

　日本薬研は、かつて洞門中学校の本校舎として使用されていた。
　63ページで紹介した樋田地区公民館は、この中学校の分館という関係にある。竣功年は1958年とのことなので、この建築物は樋田地区公民館（1959年竣功）の、いわば「年子の姉」のような存在であろう。
　1971年に洞門中学校が廃校になった後、この建築物は「日東電熱工業株式会社」という企業に売却された。その後、暫くして「日本薬研」がこの建築物を入手するに至った。
　洞門中学校が廃校となった1971年は、高度経済成長の時代のほぼピークの時期である。この時期、都市の過密化及び、それに反比例するような農村の過疎化は深刻な状態となり、折角建設されたこの校舎も、竣功からわずか13年でお役御免となってしまったのである。
　日本薬研及び樋田地区公民館の変遷は、日本の高度経済成長の「歪み」を如実に物語っているといえよう。

CHAPTER 5

オイルショック〜バブル経済期の建築

1973
-1990

1950年代後半から1970年代初頭にかけての日本は、工業立国として正に破竹の勢いで国際社会でのし上がっていった。しかし1973年、そんな日本経済に冷や水を浴びせかけるような事件が起きる。

　1973年10月6日、イスラエルとエジプト・シリア連合軍との間で戦争が勃発（第四次中東戦争）。この戦争は、17日後の10月23日に停戦合意がなされるという短期間のものであったが、その際ＯＰＥＣ（石油輸出国機構）は、イスラエルを支持するアメリカ・オランダ等に対して、原油の減産・値上げ等を実施した。これにより、原油の輸入のほとんどを中近東に依存していた日本のみならず、全世界的にスタグフレーション（不況下のインフレ）が進行した。

　その後、イラン革命を発端とする第2次オイルショック（1978年）が勃発したが、その際は前回のオイルショックの経験を踏まえたためか、前回ほどの大きな混乱は見られなかった。

　日本では二度のオイルショックを経験した後、重工業は以前の勢いを失い、第三次産業が台頭していった。1970年代から既に、重工業による大気汚染・水質汚濁・騒音等の公害は深刻化し、第一次・第二次オイルショックによって、就職するに当っての若者の「重工業離れ」が決定的になったと言っても良いだろう。

　第二次オイルショック以降の時代は、バブル経済の時代でもあり、未曾有の開発ブームの時代でもあった。

　1983年、千葉県浦安市に東京ディズニーランドが開業した。これを皮切りに、全国各地でテーマパークが造成され、リゾート地も次々に開発されていった。東京ディズニーランドは、テーマパークの中では大成功を収めた部類と言える。その為、全国各地の自治体で、「ディズニーランドにあやかりたい」「わが町にも日本中があっと驚くような施設が欲しい」と望む住民や首長が増加した。

　更に、プラザ合意以降の金融緩和策（1985年）によって地価や株価が高騰し、バブル経済が本格化した事も、これ等の願望の追い風となった。この時期以降、日本各地にディズニーランドの「シンデレラ城」を模倣したかのような建築、周囲の景観から明らかに浮いているポストモダン建築、更に、いわゆる「復興天守」等が、まちおこしの名目の下で次々と建設されていった。

　ディズニーランドにあやかったような建築、つまり「ディズニーランダゼーション建築」は、大規模なテーマパークやハコモノ行政の産物だけに留まらない。小規模な市町村においても、駅舎・交番、更には公衆トイレや電話ボックスに到るまで、この時期にディズニーランダゼーションは大流行したのである。

　かくして、日本は1980年代にバブル経済に狂奔したが、1991年には呆気なくバブルは崩壊するのである。

和食レストラン「ら・むゑっと」

竣功年：1973年
所在地：福岡県北九州市門司区
設　計：一粒社ヴォーリズ建築事務所
施　工：不詳
用　途：商業施設（飲食店）

現在、和食レストラン「ら・むゑっと」が入居している建物は、元々ノルウェー海員教会として建設された。

その後、国際海運会館を経て、この建物は和食レストラン「ら・むゑっと」及び林芙美子資料館として再オープンがなされた。しかし現在、林芙美子資料館は、レトロ地区に所在する旧門司三井倶楽部に移転している。

玄関ホールの脇にある平屋建てはコンクリート製だが、自然石を積み上げたように見せかけたものである。母屋は2階建て、1階はコンクリート打ち放しだが、ガラスを多用し開放感がある。2階は下見張り（横板を貼って外壁を仕上げる工法）を巡らせており、1階とは対照的に温かみを感じさせる。

設計を手掛けたのは、ウィリアム・メレル・ヴォーリズが創設した一粒社ヴォーリズ建築事務所。現「ら・むゑっと」が竣功された当時、ヴォーリズは既にこの世を去っているが、シンプルにまとめ上げたこの建築物は、如何にも彼の衣鉢を継いでいると言えよう。

メイト黒崎

竣功年：1979年
所在地：福岡県北九州市八幡西区黒崎
設　計：石本建築事務所
施　工：大成建設
用　途：商業施設（百貨店）

　ご存知の方も多いだろうが、現在井筒屋黒崎店が入居している「メイト黒崎」は、2000年まで「黒崎そごう」という名称であった。

　竣功は1979年。2階に設けられた玄関も、黒崎駅と直結する空中回廊（ペデストリアン・デッキ）も、当時としては常識を覆すものであった。また、開店当時のキャッチフレーズは「まるで宇宙戦艦！」というもので、この建築物は当時の北九州市民の度肝を抜くような、威風堂々としたものに見えただろう。

　そごう開店により、黒崎地区は北九州市内で小倉と双璧をなす一大商業地区にのし上がった。ところがその後、県庁所在地である福岡市が台頭すると、製鉄業など重厚長大産業にこだわり続けてきた北九州市は次第に衰退し、勢い黒崎の繁栄も下火になって来た。そして2000年には遂にそごうが経営破綻を迎え、黒崎に聳え立つこのデパートも短い歴史に幕を下ろしたのである。

　その後、もぬけの殻となったこの建物には井筒屋が入居した。現在でも、かつての繁栄には及ばぬものの、この百貨店建築は黒崎地区の住民に親しまれているのである。

旧九州民芸村
ようび館

```
竣功年：1980年
所在地：福岡県北九州市八幡東区
設　計：岡崎工業株式会社
施　工：岡崎工業株式会社
用　途：現在使用されていない
```

　九州民芸村は、福岡県内で交通事業を展開する第一交通産業の事業展開の一つとして、1980年にオープンした。
　この「村」には、民芸工房や、工房で製作した工芸品を販売する即売所・喫茶店等があったが、折からの不況により2009年11月20日をもって閉村となった。但し、施設のほとんどは解体されておらず、往時を偲ばせる。
　「ようび館」は、第1回北九州市優良建築物を受賞した。銅板で葺いた屋根のような部分は、建物の3階部分であって、本物の屋根ではない。また、玄関や窓は、幅の広い櫛形のアーチで飾られているが、これはあくまでも意匠であり、実際は構造上このようなものはあり得ない。煉瓦造りの櫛形アーチは、壁の構造耐力を落とさず、上部を崩壊させないようにするに、幅を狭めなければならない。その事から、この建築物の幅広櫛形アーチはコンクリート建築の進歩の賜物と分かる。
　それにしても、この建築物が風雨に曝されたままというのは惜しい。何処かの企業もしくは自治体が活用してはくれないだろうか？

西洋古美術
鹿鳴館

竣功年：1986年
所在地：福岡県福岡市博多区
設　計：安川勝直
施　工：非公表
用　途：商業施設（古美術店）

　英国風の瀟洒な洋館であるこの店舗は、主に欧米の書画骨董を取り扱う古美術店である。
　オーナーである安川勝直さんの弟さんがイギリスに在住しておられる関係で、35年前にこの店を開業されたそうである。
　1986年に現在の店舗を建てられるに当って、安川さんはイギリスの伝統的な住宅を徹底的に調査し、3メートル20センチの高さの天井、縦スライド窓、鎧戸等を備えた「英国住宅」を、この博多の下町に再現された訳である。
　イギリスでは、朝食付きの民宿をbed and breakfastと呼ぶ。また、主にイギリス国内で行っている事らしいが、ヨーロッパでは同じような規格のアパートを並べる事によって、町並みの連続性を保っているという。安川さんは、これらイギリスの民宿やアパートを参考として店舗を設計されたとも言えよう。

海浜館

　　竣功年：1983年
　　所在地：佐賀県唐津市
　　設　計：森朝充
　　施　工：松尾建設
　　用　途：商業施設（飲食店）

　JR虹の松原駅を出て北に300メートルほど進んだ場所に佇む「海浜館」は、シーフードで有名なレストランである。

　この店舗の建っている場所には、明治時代末、「海浜院」というホテルがあった。現在の海浜館は、そのホテルと旧グラバー住宅をモデルにして設計されたという。

　レストランを開業した経緯は、1970年代に現オーナー・Sさんの父君にこの土地が払い下げられてからである。

　この店には、素潜り世界一の記録を持つ故ジャック・マイヨール氏（フランス）も来日の度に立ち寄っていた。また、テレビ番組『笑点』のテーマ曲でもお馴染みの作曲家・故中村八大氏も、「建物がいいね」と感想を述べ、店内でコンサートを開催したという。

　建築も然る事ながら、閑静な松林に立地しているというこの店の環境も、有名人たちを魅了する要素の一つかも知れない。

太良町役場庁舎

竣功年：1987年
所在地：佐賀県藤津郡太良町
設　計：㈱石橋建設事務所
施　工：松尾建設株式会社
用　途：公共施設（町役場）

　太良町役場庁舎は、旧近衛師団司令本部庁舎（現・東京国立近代美術館）をモデルとして、1987年に建設された。
　この時期になると「洋館」風のデザインは、ペンションや住宅のみならず、公共施設にも適用されるようになる。
　ところで、明治期の西洋館は、欧米の様式を忠実に再現せず、和風の様式を踏襲して建設されたものが多い。「西洋」に必ずしもこだわっていない、日本人大工が見よう見まねで建設した洋館を「擬洋風建築」と言う。
　太良町役場庁舎も、この擬洋風建築に近く、モデルとなった建築物を忠実に再現している訳ではない。軍事施設というものは、何処か厳つさ、禍々しさを感じさせるものだが、住民に親しまれる役場には厳つさも禍々しさも不要である。その為か、軍事施設がモデルとなっているにもかかわらず、太良町役場は瀟洒なペンションのようにも見える。悪く言えばバブルの時代に日本人が大挙して押し寄せた施設（スキー場のペンション等）を模しているとも言えるだろう。

佐賀県議会議事堂

竣功年：1988年
所在地：佐賀県佐賀市
設　計：佐賀県庁設計共同企業体
施　工：松尾建設・中野建設・中島建設共同企業体
用　途：公共施設（県議会議事堂）

　佐賀県議会議事堂は、1988年に建設された比較的新しい建築物である。
　この時期になると、庁舎建設などの公共工事の際は、単一の設計者、単一の施工業者によって行われるのではなく、「共同企業体」方式で行われるようになる。実際、この議事堂も、設計は安井建築設計事務所、佐藤武夫設計事務所、石橋建築事務所、平野建築設計事務所、アルセット建築研究所の5社が、施工も松尾建設、中野建設、中島建設の3社が請け負っている。
　共同企業体方式のメリットは、単一の業者による権益の独占を防ぐ事が出来る点である。また、この方式だと県内の業者の技術力が弱い場合、他県の大手業者と組む事によってメンバー構成員の技術力を高める事も出来る。デメリットとしては、トラブルが発生した際、責任の所在がうやむやになり易い事が挙げられるが、この議事堂の建設に際しては、あらかじめ責任の所在を明確にしたという。
　ところで、佐賀県議会議事堂は、1950年築の佐賀県庁本館と合わせた意匠となっている。もしもこの議事堂が斬新過ぎるデザインで建てられていたら、周囲とは明らかに浮いた、ちぐはぐな印象となっていただろう。

昭和会病院

竣功年：1982年
所在地：長崎県長崎市
設　計：宮本設計事務所
施　工：松尾建設
用　途：医療施設（総合病院）

昭和会病院のモデルとなった建築物は、長崎市南山手町に所在する孤児収容施設「マリア園」だという。

マリア園をご存知の方なら、この昭和会病院は、マリア園が樹木の如く「生長」した姿のように思えるだろう。しかし、この医療施設は竣功当初からこのような姿だった訳ではない。

1982年にこの建築物が竣功された当初は、外壁は煉瓦タイルが敷き詰められていたものの、典型的な「現代風病院建築」だったそうである。その後、長崎市東山手・南山手地区が重要伝統的建造物群保存地区に指定されると、市の景観条例に則って、この病院も大幅な改築が施され、現在の姿となった。

モデルとなったマリア園は医療、そして身寄りのない子どもたちの為に建てられた「人々に尽くす」事が目的の施設であった。昭和会病院の職員の皆さんも、そのマリア園の意思を受け継ぎ、日夜医療によって人々に尽くし続けておられるのである。

新地町安全・安心・交流センター

竣功年：1982年
所在地：長崎県長崎市
設　計：非公表
施　工：非公表
用　途：公共施設（コミュニティ・センター）

　長崎市新地町は、横浜の山下町、神戸の南京町と並ぶ、「日本三大中華街」の一つである。この中華街の外れに建設されたのが、「新地町安全・安心・交流センター」である。

　外観から一目瞭然であるが、この建築物は「西洋館」とは言い難い。しかし、すでに第2章で紹介した門司港の「萬龍（まんりゅう）」と同様、異国風の建築物という事で、本書に掲載する事とした。

　この項を執筆するに当たり、中国の伝統建築に関する資料に目を通した。その資料を見ると、どうやら新地町のこの建築物は、中国南部の江南地方の富豪や役人の邸宅に見られる「堂」（接客用の建物）を参考にしているようである。

　江南地方の住宅について付け加えるなら、外壁は「磚（せん）」（中国式の煉瓦のこと）を積み、窓が他の地方の建築と比較して少ないという事であろう。

　この建築物は元派出所という事もあり、一軒ぽつんと建っているが、元来中国の都市建築は「院落形式」と呼ばれる、中庭中心に周囲を建物で囲う形式が主流である。よくよく考えると、日本の町家も「鰻の寝床」の様な敷地の中に中庭をしつらえている。東洋の都市建築を読み解くキーワードは、「中庭」構造と言えるかもしれない。

対馬市公会堂

竣功年：1990年
所在地：長崎県対馬市豊玉町
設　計：㈱田中総合設計（渡辺豊和）
施　工：梅村組
用　途：文化施設（文化会館・公会堂・郷土資料館）

バブル絶頂期の1990年、長崎県下県郡豊玉町（現・対馬市）に、「豊玉町文化の郷」なる施設が建設された。

当時の日本は金余りの時代であり、大都市圏のみならず地方にもいわゆる「ハコモノ」が数多く建設された。現在「対馬市公会堂」と名を変えたこの施設は、文化会館、公会堂、郷土資料館を兼ねており、エーゲ海の白壁の建築、イスラム建築、さらに別棟の郷土資料館は中国、韓国の建築様式を参考とした折衷建築といえる。

また、設計者の渡辺豊和氏は、弥生時代の対馬が日本と大陸を結ぶ交流拠点であった事に鑑みて、当時貨幣代わりに用いられていたアコヤ貝をモチーフとして、この意匠をデザインしたという。

バブル時代の「ハコモノ行政」の産物には、人々は何かと批判の目を向けがちである。しかし、地域の歴史や文化を鑑み、且つ、住民が日常的に利用できるものならば、それはそれで良いのではないだろうか？

対馬市公会堂を別の角度から撮影した写真。歳月を経て少々くすんでしまっているが、なるほどエーゲ海の建築を髣髴させる。

中島川公園安全・安心・交流センター

　　竣功年：1988年
　　所在地：長崎県長崎市
　　設　計：非公表
　　施　工：非公表
　　用　途：公共施設（コミュニティ・センター）

「中島川公園安全・安心・交流センター」は、長崎市内でも人気のある観光名所「眼鏡橋」に程近い場所に所在している。モデルとなった建築物は不明だが、おそらくは現在のグラバー園内の洋館を参考として設計がなされたのであろう。

　この建築物は、1988年に長崎県警の派出所として竣功された。その後、2006年に長崎市に譲渡され、名称も「中島川公園安全・安心・交流センター」と改められて現在に到っている。

　ところで、私がこの建築について、質問事項を長崎市役所にFAXで送信したところ、長崎市市民局市民生活部の方より返信があった。それによると、設計者・施工業者共に「記録がありません」との事である。これは、決して資料の管理が杜撰だったと言う訳ではない。警察署等の市民の治安を与る建築物を建設する際は、設計者・施工業者は原則として「非公表」とする。これは、公共事業の入札の公正を期す為だそうである。あるいは、設計者・施工業者への反政府組織からのテロの防止もあると考えられる。尤も、後者はあくまでも私の推測に過ぎないのだが…。

シーボルト記念館

竣功年：1989年
所在地：長崎県長崎市
設　計：㈱青山建築設計事務所
施　工：㈱親和土建
用　途：文化施設（資料館）

　シーボルト記念館は1989年、日本の近代化に多大な貢献をしたドイツ人医師フリップ・フランツ・フォン・シーボルトを顕彰する為に長崎市によって建てられた。

　全体の外観は、オランダ・ライデン市のシーボルト旧宅をモデルとしているが、玄関部分のみは、彼の祖父であったカール・カスパル邸をイメージしているという。また、内部の特徴としては、吹き抜けの壁面のシーボルト家の紋章を、ステンドグラスとレリーフで表現している点が挙げられる。

　長崎市内の他のシーボルトゆかりの史跡には、この記念館に隣接する鳴滝塾跡、出島内の「ケンペル・ツュンベリー記念碑」、明治時代に建立された「施福多君（シーボルト）記念碑」等がある。

　シーボルトに言及している著名人は、作家の司馬遼太郎、医学史研究家の中西啓など数多いる。それだけ彼は、日本の命運を大きく変えたキーパーソンだったと言える。「明治」という時代の胎動は、シーボルトが誕生した時に既に始まっていたのかも知れない。

長崎県長崎警察署 丸山町交番

竣功年：1990年
所在地：長崎県長崎市
設　計：非公表
施　工：非公表
用　途：公共施設（交番）

「江戸の吉原」「京の島原」と並ぶ日本三大花街のひとつ「長崎丸山」。

丸山町交番は、明治時代から現代に到るまで、この花街の治安を一手に引き受けて来た。

丸山町交番の建築様式は、特定の様式を採用したものではないが、ヨーロッパのバロック様式、及びルネッサンス様式等の建築物を参考としている。その為、外観は明治初期に長崎の町に数多く建設された西洋館を髣髴(ほうふつ)させよう。

鎖国時代、江戸幕府は交易相手を清、オランダ、朝鮮、琉球、そしてアイヌ民族に限定し、長崎はその中で、清とオランダとの交易を担当とする港町として発展した。その名残りが丸山町の「料亭花月」「長崎検番」「カステラの福砂屋（本店）」等の、歴史的建造物群である。

江戸時代に唯一西洋文化が取り入れられ、異国情緒漂う町並みに溶け込むように、尚且つ和風の歴史的建築物にも調和するように、この交番は厳(おごそ)かな造りを以て建設されたのである。

日本基督教団杵築教会

竣功年：1989年
所在地：大分県杵築市
設　計：一粒社ヴォーリズ建築事務所
施　工：安藤建設
用　途：宗教施設（プロテスタント系教会）

　日本基督教団杵築教会は、1989年という、最近に建設された教会である。宗派はプロテスタント系のメソジスト派に属する。
　カトリック教会は、ローマ教皇を頂点とした一枚岩の組織である。しかし、プロテスタントは教皇のくびきから逃れて打ち建てられた宗派である為か、内部に様々な分派がある。
　日本基督教団は、1889年に設立された。その丁度100年後に、この教会が建立された訳である。設計はウィリアム・メレル・ヴォーリズによって設立された「一粒社ヴォーリズ建築事務所」が手掛けたが、同じ場所に建てられていた初代の教会も、やはりヴォーリズの手によるものであった。
　ちなみに外観は、いわゆるヒスパニック・スタイルと言えるものだが、スペインを始めとするラテン世界では、プロテスタントよりカトリックの方が多数派である。
　また、この教会は、地下１階、地上３階建てであり、堅固な地盤の上に建設されているので災害対策も万全である。今後もこの教会は、杵築市民に親しまれて行くことだろう。

古美術 八幡船(ばはんせん)

竣功年：1989年
所在地：大分県宇佐市
設　計：山内英生
施　工：奥田組
用　途：商業施設（古美術店）

　大分県宇佐市は、古代より信仰を集めて来た全国八幡(はちまん)社の総本山・宇佐神宮のお膝元である。

　現在、宇佐八幡宮界隈は、門前町にしては現代的な建築物がやたらと目に付くが、その中で「古美術　八幡船」は異彩を放っている。「八幡船」は「ばはんせん」と読む。

　室町時代から江戸時代にかけての日本の海賊船は、「八幡船」と呼ばれていた。これは、倭寇が八幡大菩薩の幡(はた)を掲げて海賊行為（もしくは交易）を行っていたからである。この事から、八幡を別読みした「ばはん」という言葉は、海賊行為を指す言葉ともなった。

　八幡信仰の発祥の地は、宇佐と言われている。その事に因んで、宇佐八幡宮界隈に所在するこの古美術店も「八幡船」と名付けられた事は、想像に難くない。

　福岡市博多区の「西洋古美術鹿鳴館」もそうだが、骨董品店や古美術店は、近代的なビルよりも「アンティーク」を感じさせる、こうした西洋館の方が相応(ふさわ)しいと思う。

上無田松尾神社
かみむた

　竣功年：1975年
　所在地：熊本県熊本市東区
　設　計：木島安史
　施　工：不詳
　用　途：宗教施設（神社）

　上無田松尾神社の拝殿は、一見するとギリシャ神殿のように見える。

　設計は、熊本大学教授も務めた木島安史及び、YAS都市研究所/計画・環境建築。基本的なコンセプトとしては、エフェリス（トルコ）のハドリアヌス神殿を基本として、古典建築のイメージを織り込んだものだという。

　1975年にこの神社が建立された当時、「ポスト・モダニズムを端的に表現している」と建築界で評判になったという。現在でも、建築関係の書籍を紐解くと、上無田松尾神社がポスト・モダニズム建築の作例として登場する。

　ところが、私が電話でお話を伺った護国神社（上無田松尾神社は護国神社の分社）の神職の方は、個人的にであろうが、この神社をお気に召されていないらしく「ギリシャ建築のようで神社らしくない」と仰っていた。しかし、よくよく考えてみると、ギリシャ神話も日本神話も、キリスト教やイスラム教とは異なり、多神教の世界である。故に、このような神社建築もありだと思うが、如何なものだろうか？

三角西郵便局

竣功年：1979年
所在地：熊本県宇城市三角町
設　計：九州郵政局建築部
施　工：マコト建設株式会社
用　途：公共施設（郵便局）

今なお明治の港町の面影を残す三角西港。

この港町を通る国道57号線沿いに、三角西郵便局が佇んでいる。竣功年は1979年との事なので、同地のムルドルハウス（1990年築）や浦島屋（1993年再建）よりは10年以上古い事になる。外壁は薄茶色に塗装されており、出入り口の弧を描いた庇と、それを支える2本の円柱が特徴的である。

この郵便局は、かつて門司港のレトロ建築の一員であった福岡ひびき信用金庫門司支店（1930年築、2010年解体）を髣髴させる。弧を描いた庇が、今は無きその金融施設と共通しているからである。

出入り口に大きな弧を描いた庇を用いる手法は、19世紀末から20世紀初頭にかけて活躍したアメリカ人建築家ルイス・サリバンが好んで取り入れたものである。サリバンのみならず、当時は形式化した様式を打破しようと試みる建築家が、数多く出現した時代だった。

三角西郵便局は、そんなサリバンを始めとする建築家たちの遺志を受け継いだ建築の、ささやかな一例かもしれない。

森林館エジソンミュージアム

竣功年：1984年
所在地：熊本県球磨郡球磨村
設　計：木島安史
施　工：西松建設他
用　途：文化施設（資料館）

「森林館エジソンミュージアム」は、85ページの上無田松尾神社と同様、木島安史の手による作品である。映画に登場する怪獣「モスラ」の卵のようだとも形容される、七つのドームが特徴的であろう。

　この資料館は当初、林業に関する資料を展示していたが、後に発明王・エジソンに関する資料も展示物に加えるようになった。何故エジソンかと言うと、彼は電球を発明する際、日本の竹をフィラメントとして使おうと試みた事があり、故に林業の資料館がエジソンの資料館も兼ねる事になったのであろう。

　このミュージアムが建設された時期は、1984年という、日本がバブル経済の時代に突入する前夜であった。この時期以降、日本は好景気に浮かれ、大都市のみならず小規模な自治体にも様々な施設が建設された。

　これ等「バブル遺産」には、何かと批判の目が向けられがちである。しかし、あくまで私の個人的な感想であるが、未曾有の不況の時代に突入した現在となっては、「バブル遺産」の数々にノスタルジーさえ感じられる。バブルというイリュージョンに浮かれていた時代もまた、日本史の一部なのである。

安武法律事務所

竣功年：1986年
所在地：熊本県熊本市中央区
設　計：安武吉男
施　工：作村技建工業㈱
用　途：オフィス

　安武法律事務所は、1階のピロティが最大の特徴と言えよう。
「ピロティ」は、建築物全体を地面から持ち上げ、人や車が通行できるスペースを確保する空間の事であり、フランス人建築家・コルビュジエの提唱した「近代建築五原則」の一つにも数えられる。この空間によって、建築物はスペースを有効活用出来るのである。
　また、この法律事務所を見ると、左右非対称のプロポーションとなっている。ピロティを設ける場合にしても、1階にはどうしても出入り口は必要なので、建築物を効率よく活用する際は、左右非対称のプロポーションになりがちなのである。
　1階から2階へと続く円柱は、一見不揃いに配置されている。もちろんこれは、設計者の気まぐれでこのような配置にした訳ではなく、1階の出入口に円柱を合わせているからであろう。
　ともあれ、安武法律事務所は、いかにも「戦後に建設された近代建築」らしいポストモダンな西洋館なのである。

ムルドルハウス

竣功年：1990年
所在地：熊本県宇城市三角町
設　計：上田憲二郎
施　工：株式会社坂本建設
用　途：商業施設（物産館）

　ムルドルハウスは、1990年に建設された物産館である。この名称は、三角西港の開港に尽力したオランダ人技師ローウェンホルスト・ムルドルにちなんで名付けられた。

　この建築物は、尖り屋根の上に載った風見鶏ならぬ「風見鯛」が特徴と言える。三角西港近辺は町並みのみならず、釣りスポットとしても有名なので、このような意匠が設けられたのであろう。

　明治時代、熊本県は有明海に面した百貫港という漁港を整備して、近代的な港湾を開く予定であった。しかし調査の結果、三角の方が港湾建設に最適と判明し、1884年に工事が開始された。そして1887年には開港に漕ぎ付けたが、その後、九州鉄道三角線（現・JR三角線）が開通し、併せて三角東港が開港すると、西港は急速に衰退した。

　近年、三角西港は、石積み埠頭・排水路・西洋館等を活かして、観光地として復活を遂げた。そして現在では三角旧港施設全体が、近代化産業遺産として保存・整備されている。

CHAPTER6
バブル崩壊以降の建築
1991-

1980年代後半の日本は、バブル経済によって景気が過熱しきっていた。

　そもそも「バブル経済」とは、バブル崩壊以降に突如出現した言葉ではない。元来、「バブル経済」は実体経済とかけ離れた資産価値が膨張して、ある水準に達した途端、急激にその資産価値が暴落する現象を指す経済用語である。歴史を振り返って見ると、1630年代、ヨーロッパでのチューリップ取引による投機の過熱、そしてその結果としての恐慌（チューリップ恐慌）が世界初の「バブル経済」と言われている。

　日本におけるバブル崩壊の直接の引き金は、日本銀行（日銀）が公定歩合（中央銀行が金融機関に対して行う割引や貸付の利率）を1980年代後半から引き上げ、景気の調整を図った事による。日銀としては、過熱しきっていた景気をほんの少しだけ引き締めたいという思惑があったのだろう。ところが、日本の好景気は日銀の想定以上に実体経済とかけ離れていた。政府・大蔵省による不動産取引への総量規制も重なり、地価・株価は大暴落し、日本は不況の時代に突入したのである。

　不況の時代に突入したとはいえ、この時期に台頭して行った企業も多い。代表的なものとして挙げられる企業は、ユニクロ（衣類量販店）、ヤマダ電機（家電量販店）、ブックオフ（古書チェーン店）、そしてダイソー（100円ショップ）等、いわゆる「郊外型量販店」である。

　これらの企業に共通する事は、都市部よりも都市近郊に多くの店舗を構え、安価に商品を提供していると言う点である。不況により人々は高級品には目もくれなくなり、勢い一円でも安い商品を求め出したのである。

　バブル崩壊後に勢力を伸ばしたものにはもうひとつ、大型ショッピング・モールが挙げられる。

　1990年代以降、地方の都市部ではデパートの閉店が相次いだ。福岡市内だけでも、閉店した老舗デパートとしてエレデ博多寿屋（1999年閉店）、福岡玉屋（1999年閉店）、西新岩田屋（2003年閉店）等が挙げられる。それらと入れ替わるように全国各地の、特に都市近郊で大型ショッピング・モールが次々と建設されたのである。

　日本人は高度経済成長期に急激な都市化のために農村部を見捨てたが、バブル崩壊後は「都市」をも見捨てつつあるのかもしれない。バブル崩壊後の日本には、「ドーナツ化現象」によって空洞化した都市部、肥大化した郊外、そして既に見捨てられた農村部が、層を成していると言えよう。

　海外ではこの時期にアメリカ同時多発テロ事件及びリーマン・ショックが発生し、一方、不況から脱する事が出来ない日本では「失われた10年」が、いつの間にか「失われた20年」と呼ばれるようになったのである。

すなお医院

竣功年：1998年
所在地：福岡県古賀市
設　計：森口直
施　工：メイプルホーム
用　途：医療施設（外科医院）

　福岡県古賀市に所在するこの医療施設は、院長の森口直さん自らが設計を手掛けられた、いわゆる「素人建築」である。但し、設計に際しては建設会社所属の二級建築士のアドバイスも受けられたという。

　正規の建築教育を受けていない素人の設計だからと言って、侮ってはいけない。山口県下関市に所在する1914年築の秋田商会（現・下関観光情報センター）も、オーナーであった実業家・秋田寅之助が自ら設計したと言われる素人建築だが、大正時代に既に「屋上緑化」に取り組んだ先見性のある建築である。

　話を「すなお医院」に戻すが、この建築物は西欧の輸入住宅をイメージして設計されたものであり、モデルやモチーフとなった特定の建築物等は無いという。また、建物内部も凝っており、広めに面積を取っているトイレや階段等もなかなかの出来である。

　すなお医院は、竣功から十数年しか経過していない「若い」建築物であるが、筆者の地元にこのような「戦後洋館」があるのは、非常に嬉しい。

バルク館

竣功年：1997年
所在地：福岡県北九州市門司区
設　計：松尾宗明
施　工：九州工営
用　途：商業施設（飲食店）

「バルク館」は、オーナーの松尾宗明さんが自ら設計を手掛けられた飲食店である。ちなみに、モデルとなった建築物は、英国のゲストハウスであるファノン氏邸だという。

この建築物の骨組みは鉄筋ではあるが、壁面に貼られた煉瓦は英国の200年前の屋敷に使用されていたものであり、各階の床も、やはり200年前の英国の教会を解体した際のものを再利用している。

それならば、バルク館自体は1997年竣功と若いものの、建材だけを見ると門司港レトロ地区で最古という事になる。つまり、この建築物は門司港駅や旧門司三井倶楽部と遜色ない建物なのである。

バルク館は、ヨーロッパの町並みの一部を切り取って、そのまま門司港の町並みに貼りつけたようにも見える。故に、西洋館が点在するこの町に違和感なく馴染んでいる訳である。

こころのクリニック
ゆめ

竣功年：2007年
所在地：福岡県糟屋郡新宮町
設　計：非公表
施　工：非公表
用　途：医療施設（精神科）

　地方の自治体の、如何にも商店街らしい町並みの中に「こころのクリニックゆめ」の瀟洒(しょうしゃ)な洋館が佇んでいる。

　周囲には魚屋、八百屋、肉屋等、人々の生活に密着し、尚且つ住民に愛されているような店舗が軒を連ねている。その中でも、この診療所は異彩を放っている。

　「こころのクリニックゆめ」の玄関は、床下浸水への対策のためか、数段高くなっている。しかし、設計者が「これでは車椅子の利用者には不便だろう」と配慮したらしく、出入り口にはリフトが設置されている。この診療所の設計者、施工業者は共に非公表であるが、このような配慮が出来る建築家、施工業者は評価に値するだろう。高齢化社会が進む中、車椅子が手放せない患者さんたちも、この診療所のお世話になる。そのような方々の為にもリフトは大活躍するのである。

　この診療所は精神科の医療施設であるが、「ストレス社会」とも呼ばれる現代においては人間の心と向き合う施設も、充分人々の生活に欠かせないものなのである。

唐津市近代図書館

竣功年：1992年
所在地：佐賀県唐津市
設　計：平野建築設計事務所
施　工：唐津土建・峰・船越・井手建設共同企業体
用　途：文化施設（図書館）

　唐津市近代図書館は、1992年11月8日に開館した。
　この図書館のモデルとなった建築物は、東京国立博物館内の「表慶館」、またはベオグラード美術館だそうである。いずれにせよ、当時の唐津市長が様々な建築物を視察しては「どのような図書館が唐津市に相応しいか？」と考えを巡らせた事は想像に難くない。

　この図書館の最大の特徴は、書籍を置く図書館のみならず、美術品を展示する常設美術室も併設している事である。美術室をも併設する事によって、唐津市民は知的欲求だけでなく、美的欲求も満たされていると言えよう。
　ところで、唐津は曾禰達三、辰野金吾という著名な建築家を輩出した土地である（両名とも江戸生まれだが、元唐津藩士）。偉大な建築家を輩出した都市には、やはり威風堂々としたこのような建築が相応しいだろう。

はこざき写真館

竣功年：2011年
所在地：福岡県福岡市東区箱崎
設　計：アトリエ優（海藤睦也）
施　工：上村建設
用　途：商業施設（写真館）

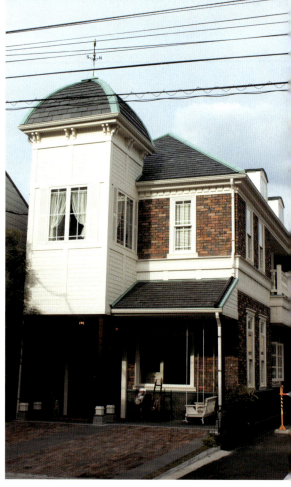

「はこざき写真館」は、2011年に産声を上げたばかりの新しい西洋館である。モデルとなった建築物は、神戸の異人館や柳川の立花藩主邸であった「御花」などの明治時代の建築。

　現在のご主人のAさんは、この写真館の四代目だそうである。

　明治時代初頭、写真は当時のハイテクの粋(すい)であり、日本における西洋文明流入の象徴でもあった。はこざき写真館は、そのような日本の西洋館の原点回帰とも言える。

　この写真館の魅力は外観のみでは判らない。内部も西洋館風の意匠を凝(こ)らしているのである。

　Aさんは、西洋アンティークに並々ならぬこだわりをお持ちのようであり、そのため内部の家具・調度品類は、1900年代の英国アンティークで統一されているという。外観は「西洋館」でも、内部が「現代風」の家具・調度品類ばかりだったら、利用者も戸惑ってしまうだろう。Aさんも粋なはからいをされる方だと思う。

「はこざき写真館」館内。内部の家具・調度品類も、英国アンティークで統一されている。

北島歯科医院

竣功年：1994年
所在地：佐賀県佐賀市
設　計：ワークス
施　工：ユーアイビルド
用　途：医療施設（歯科医院）

　北島歯科医院は、1998年に第2回佐賀市景観賞を受賞した建築物である。
　2階の白壁を見ると鉄筋コンクリート造りのように思われるだろうが、実際は木造である。また、2階の屋根は「マンサード風」という様式である。この屋根のメリットは天井が高く取れ、屋根裏部屋として使用できる点だという。
　北島歯科医院は旧長崎街道沿いに位置している。それ故に、この建築物は一見ヨーロッパ風のように見えながらも和風建築の手法を駆使し、街道の歴史的景観、及び付近を流れる天佑寺川の緑あふれる自然と上手く調和させたデザインで建てられたのである。
　このような「和洋折衷」は、日本のお家芸とも言える。しかし、明治初頭は和洋折衷の建築も手探りの状態だったらしく、国会議事堂の初期デザイン案も現代人から見ると和洋折衷を意識しすぎた為か、グロテスク且つ悪趣味な代物であった。国会議事堂が現在見られる姿で建設されたのは、1936年の事である。和洋折衷をお家芸とする日本人も、最初からそれを得意とはしていなかったのである。

JR牛津駅

竣功年：2001年
所在地：佐賀県小城市牛津
設　計：㈱石橋建築事務所
施　工：中野建設
用　途：交通施設（JR駅舎）

　現在の佐賀県小城市牛津町に2001年、JR牛津駅が竣功された。

　牛津駅は外観のみならず、内装も明治時代を意識した意匠となっている。それ故に、訪れた方ならこの駅舎が明治時代から変わらない、文化財級の駅舎と勘違いしてしまいそうである。

　設計を手掛けた事務所は、太良町役場等、地元佐賀県内で数多くの建築を手掛けた㈱石橋建築設計事務所。モチーフとなった建築物は、明治中期に牛津町に建設された旧田中丸商店の赤レンガ倉庫だという。

　旧田中丸商店の赤レンガ倉庫は、明治時代当時は町一番のモダンな建築物として地元住民から親しまれたはずである。現在この倉庫は、国登録有形文化財に指定されている。

　2001年にJR牛津駅が旧田中丸商店をモチーフとして改築された事は、「親」であるこの倉庫にとっては、その遺伝子を継ぐ「子」が誕生したようなものであろう。

九州電力新地変電所

竣功年：2000年
所在地：長崎県長崎市
設　計：西日本技術開発株式会社
施　工：㈱上滝・松島建設工業㈱共同企業体
用　途：公共施設（変電所）

「変電所」とは、発電所で作られた高圧電流を減圧し、利用者に提供する為の施設である。

これまでの変電所は複雑に交錯する電線や変圧器等により、無彩色・無骨そして禁欲的なイメージを見る者に与えて来た。しかし、「そのような変電所は観光都市・長崎には似つかわしくない」との、市当局もしくは九州電力の判断があった為か、新地湊公園の一画にお目見えしたこの変電所は意匠を凝らしている。

煉瓦を貼りつめた壁面は色を変化させ、アクセントとしてアーチ状の小窓を上下2列に、しかもリズミカルに配置させている。また、平面は矩形が二つ雁行し、玄関の階段は円弧を描いている。

この変電所は、第12回長崎市都市景観賞「大きな建物部門」の奨励賞を受賞している。施設の単一な機能を超え、長崎の町に馴染む景観を生みだしているこの変電所が、建築・景観に関する賞を受賞できたのも肯けるところである。

御前湯の「看板娘」竹田奏。「彼女」はイベント等がある際は入口でお客様を出迎えるが、普段は別館で待機しているらしい。

温泉療養文化館　御前湯(ごぜんゆ)

　　竣功年：1998年
　　所在地：大分県竹田市直入町
　設　計：象設計集団
　施　工：利根建設
　用　途：余暇施設（温泉旅館）

「温泉療養文化館　御前湯」は、建築家集団「象設計集団」によって手掛けられた。

　象設計集団は御前湯の他、名護市庁舎、今帰仁村(なきじんそん)中央公民館等、沖縄県各地に多くの足跡を残している。名護市庁舎を始めとする南国・沖縄の建築群は、恰(あたか)もサンゴ礁が魚や褐虫藻(かっちゅうそう)に日陰を提供するように、人々に安らぎや憩いの場を提供したいという思いが込められているからだ

という。御前湯もまた、サンゴ礁に憩う魚たちと同じように、人々がくつろげる場所を提供していると言えよう。

　象設計集団の理念は、「自らの手で自らの地域を作るまちづくり」「そのまちづくりよって生まれる世界は、共同体のシンボルとなるべき」の二点である。

　ところで、この施設には文字通りの「看板娘」がいる。地元大分の広告会社が打ち出した「おおいた萌えおこしプロジェクト」のキャラクターの一人、「竹田奏(かなで)」を、広告タレントとして用いているのである。プロフィールによると彼女は「引っ込み思案で恥ずかしがりやの音楽少女」という設定だそうである。

Café Terrace Miamiのメニュー、ケーキと紅茶のセット。

Café Terrace Miami

竣功年：1995年
所在地：熊本県玉名市
設　計：不詳
施　工：松本建設
用　途：商業施設（喫茶店）

　熊本県北部の、かつて「肥後五ヶ町」と呼ばれた玉名市高瀬に、この喫茶店は佇んでいる。"Café Terrace Miami"と銘打つだけあって、この建築物は19世紀アメリカ南部の貴賓館を髣髴（ほうふつ）させる。尤（もっと）も、私自身はマイアミ市を訪れた事は無いので、実際の米国様式建築に関する知識は皆無に等しい。しかし、熱帯地域から温帯地域を包括する南部と、寒冷な地域が主流の北部とでは、同じアメリカ合衆国といえども建築様式に大幅な違いがあるだろう。

　ところで、バブル崩壊以降、モダニズム建築でも「ディズニーランダゼーション建築（＝なんちゃって西洋館）」でも、一旦解体されてその後再建されたものでもない、恰（あたか）も明治時代の建築家の遺志を受け継いだかのような西洋館が、医療施設や商業施設を中心として着々と増加しているようにも思える。

　この建築物以外にも、「わかやまこどもクリニック」（大分県大分市）や、「はこざき写真館」（福岡県東区箱崎）など、そのような「戦後洋館」は枚挙にいとまが無い。やはり、バブル崩壊を経て日本の建築界も「ホンモノ志向」の時代へと突入したのだろうか？

呉服町診療所

竣功年：2008年
所在地：熊本県熊本市中央区
設　計：大石康夫
施　工：鴻池組
用　途：医療施設（眼科）

「呉服町診療所」は2008年に開院した、新しい眼科専門の診療所である。モデルとなった建築物は、同市内にある「出田眼科病院」の分院であるという。現在も、この診療所は出田眼科病院の分院という扱いになっている。

この建築物の開放的な外観は、スペインやポルトガル等の、南欧の住宅を髣髴(ほうふつ)させる。しかし、お話を伺った診療所職員の方によると、「特に何処(どこ)かの国の建築を意識してはいない」という。

ところで、この診療所は、何処となく第三セクター・甘木鉄道の終点である甘木駅の駅舎を思わせる意匠である。

設計者が同一人物という訳ではないだろうが、南欧風（スパニッシュ・スタイル）の造りには共通するものがある。もしかすると、甘木駅駅舎の設計者も、呉服町診療所の設計者・大石康夫氏も、スペインやポルトガルを訪問したことがあるのかも知れない。

文林堂

竣功年：1999年
所在地：熊本県熊本市中央区
設　計：丹伊田譲
施　工：東稜建設
用　途：商業施設（文具店）

　1999年、ノストラダムスの予言した「恐怖の大王」が降ってくると騒がれたこの年に、文林堂の現店舗が建設された。

　文林堂の歴史は古く、江戸時代に染物を扱う細川家の御用商店として創業されたという。その後、1877年に現在の屋号となった。以前の店舗は1929年築のもので、マンサード（途中で折れ曲がった屋根）が特徴的であった。老朽化のため現店舗に建て替えられた際も、この屋根のファサードは継承されており、往時を偲ばせる。

　文林堂は、徳富蘆花の『富士』という小説にも登場しており、明治時代から繁盛していた事が伺える。

　設計は地元熊本市の設計士である丹伊田譲氏。施工を請け負った建設業者は東稜建設という会社であったが、この業者は現在消滅しているという。

牧野皮膚科醫院

竣功年：2011年
所在地：熊本県熊本市中央区
設　計：岡見大助
施　工：岡見工務店
用　途：医療施設（皮膚科）

「牧野皮膚科醫院」は、バスで電車通りを通っていた際に偶然見かけたものである。

見た際には衝撃と感激を受けてしまい、急遽写真を撮影する事にした。院長先生は、アポイントメント無しに訪問したにもかかわらず、私に気さくにお話をして下さった。院長先生には、突然お邪魔して申し訳ない気持ちと、それでも私の企画を理解して下さったので、感謝したい気持ちが半々である。

この建築は、アメリカのシアトルに所在する建物をモデルにしている。外観は玄関両脇の柱がアクセントになっており、暗灰色の壁面はシックな印象を与える。外観のみならず内部も凝っており、待合室の天井画はローマのイグナチオ教会のものを、2階の天井画はシスティーナ礼拝堂のミケランジェロ作のものをコピーしている。

この医院は2011年に竣功されたばかりであるが、古い町並みが随所に残る熊本市の町並みに相応しい建築物と言えよう。

わかやま
こどもクリニック

竣功年：2003年
所在地：大分県大分市
設　計：非公表
施　工：非公表
用　途：医療施設（小児科）

「わかやまこどもクリニック」は、大分市中心部よりバスで20分ほど行った場所に所在する。竣功年は2003年であり、設計者・施工業者は共に非公表。

近所には中規模なショッピング・モールがあるので、子どもの診察のついでに買い物を楽しむ親子連れも多いだろう。

ところで、子どもにとって「病院」はマイナスのイメージを持ち易い。大人の場合、病院にかかる事はある意味「仕方が無い」と思うだろう。しかし、子どもの場合、病院という場所は「苦い薬を飲まされる」「痛い注射を打たれる」等、「苦痛を味わう場所」という認識がどうしても勝ってしまうのである。

コンクリート打ち放しの病院では、そのような恐さは払拭できない。そのためか、このクリニックでは、外壁を温かみのあるパステルピンクに塗装している。そうする事によって、この小児科医院は子どもたちに「病院とは決して恐い場所ではなく、人々の暮らしになくてはならない施設」だということを、さりげなくアピールしているのかもしれない。

鹿児島市交通局 谷山電停

竣功年：1996年
所在地：鹿児島県鹿児島市
設　計：永園設計㈱
施　工：萩原建設㈱
用　途：交通施設（路面電車電停）

　鹿児島市交通局谷山電停は、路面電車の電停としては日本最南端に位置する。

　モデルとなった建築物は存在しないが、外観は「利用者に親しみを持たれるデザインにした」という。

　この電停が建設された1996年は、京都市に日本初の路面電車が開業して101年目であった。その前年の1995年、「日本初の路面電車開業から100周年」という事は然程（さほど）話題にならなかったと私は記憶している。

　しかし近年、排気ガスを出さない、低床車を導入すれば高齢者や身障者にも利用しやすい、更に道路上に線路を敷設するので、用地買収の手間や費用もかからない等の理由から、路面電車の再評価がなされている。いずれは日本各地で路面電車が再び大活躍するかもしれない。

　しかしながら、鹿児島市交通局は現在赤字を抱えており、何とか収益を増加しようと模索している最中だという。市民一人一人がこの路線に親しみを持ち、人々と鉄道事業体がお互いに支え合う関係になってほしいと願っている。

博多座

竣功年：1999年
所在地：福岡県福岡市博多区
設　計：日本設計
施　工：大林組
用　途：文化施設（劇場）

　現在、博多座の所在している場所には、かつて西日本銀行博多支店が優美な姿で佇んでいた。

　博多座の意匠は、その西日本銀行博多支店を意識したものだという。現在は銀行の統合が進み、西日本シティ銀行となっているが、この銀行は姿を変えて現在でも博多リバレイン内で営業中である。

　博多座は、歌舞伎・ミュージカルその他の様々な演劇に対応可能であり、奥行き・高さなどは、あらゆる劇場のいいとこどりを行っている。尤も、外観からはそれ等は判りにくいが。

　にしても、下川端町を大規模に再開発して誕生した博多リバレインは現在、キャナルシティ博多を相手に大苦戦を強いられている。高級店ばかりがテナントとして入居しているこの施設は、如何にも「バブル経済の時代を引きずっている」という印象を受ける。今後、都市計画のあり方の再考が求められよう。

井手ビル

竣功年：1998年
所在地：佐賀県佐賀市
設　計：㈱喜多隼紀建築事務所
施　工：木蓋建設㈱
用　途：商業施設（店舗）・オフィス

「井手ビル」は、佐賀市呉服元町の商店街の中に建設されている。

このビルが建設された当時、そしておそらくは現在も、呉服元町商店街はいわゆる「シャッター通り」と言える。

設計者の方に電話でお話を伺ったところ、その方は「シャッター通りからの起爆剤」として、そして「今後の発展のコア」としての思いを込めて、この高級感溢れる煉瓦壁の建築物を設計した、と仰った。

私自身は狭い路地、古い木造家屋、そして電線の張り巡らされた、いわゆる「下町」らしい光景が好きだが、その一方で井手ビルのような洗練されたデザインの建築物も好んでいる。下町の光景の中に、いきなり洗練された西洋館が混じると「興醒めする」と思われる方もいれば「ミスマッチ感が良い」と思われる方もいるだろう。しかし、都市計画をきちんと行い、「良い町並みを創り上げたい」という住民・行政・企業の気概があれば、自ずと魅力ある都市景観は形成される、と私は思っている。

博多の森
テニス競技場

　竣功年：1995年
　所在地：福岡県福岡市博多区
　設　計：㈱創造社九州事務所
　施　工：池田建設㈱
　用　途：スポーツ施設（テニス競技場）

　博多の森テニス競技場は、福岡市博多区郊外の東平尾公園の広大な敷地の中に建設された。
　外観はいわゆる「ヨーロピアン調」であるが、このスポーツ施設はそれだけが特徴ではない。博多の森テニス競技場のコンセプトは、「人にやさしく、自然に共鳴」であり、それは自然豊かな東平尾公園全体のコンセプトともいえよう。
　また、この建築物の外観は、「木の葉」と「テニスのラケット」をモチーフとしている。「木の葉」は博多の森を、「ラケット」はこの競技場で主に行われるスポーツを体現している。
　つまり、この博多の森テニス競技場は、「テニス」を通じて人との交流を深めてほしい、「木の葉」という形を見て自然を感じ取ってほしい、という二つの願いが込められているといえよう。

[CHAPTER] 再建された建築および解体された建築

ALL PERIODS

　本書最終章では、一度解体されたものの、再び建設された「戦後洋館」、及び残念ながら解体され、現在は見る事の出来ない「戦後洋館」の写真を掲載する。

　生物同様、建築物も老朽化という「老い」は免れられない。また、地震・火災・水害等の天変地異によって建築物が突如「死」を迎える事もある。さらに戦災による破壊、あるいはバブル時代によく見られたように、「地上げ屋」の策略にはまって建築物が突然消滅することもあるだろう。

　しかし、解体を惜しむ市民や行政・有識者等によって、一旦消滅した建築物が再建される事例も多い。その代表的な例が、金閣寺（京都府）及び首里城（沖縄県）といえよう。

　1950年、金閣寺は一人の若い僧侶によって放火された。一方、首里城は周知の通り、1945年に戦災によって徹底的に破壊されている。

　金閣寺・首里城両者とも、一度消滅した建築物が再建された例であるが、再建の背景には何があるのだろうか？

　金閣寺放火事件を始め、この時期に相次いだ文化財の消失は、文化財保護法制定のきっかけとなった。しかし、当時は金閣寺再建反対の声もあったという。その背景には京都の神社仏閣が、観光による営利行為に利用されているという現実があった。つまり、「文化財を単なる金儲けの道具にすべきではない」との意見である。結局のところ、金閣寺は再建され、この建築物は京都府のドル箱、つまり「金儲けの道具」となって現在へと到っている。

　首里城は、1957年には既に再建計画が立てられていた。1972年の沖縄の日本復帰に伴い、首里城再建の気運が盛り上がり、現在再建された首里城は世界遺産にも登録されている。しかし、「沖縄の日本復帰」とは、実質的には「日本による沖縄再占領」に他ならない。米軍は「銃剣とブルドーザー」によって

沖縄人の土地を奪い、基地を建設したが、日本人はバブル時代に「札束とブルドーザー」によって奄美人・沖縄人を住み慣れた土地から追い出し、次々とリゾート地を開発していったのである。米軍と大差ない事を行ってきた日本人は、果たして首里城を「日本の世界遺産」と言う資格はあるのだろうか？

こうして見ると、「一度消失した歴史的建造物を再建する」という行為も手放しでは喜べない。

この章で取り上げる「再建された西洋館」もまた、金閣寺のような「金儲けの道具」、あるいは首里城のような「他者の物をあたかも我が物かのように主張する」といった建築物が含まれているかも知れない。地域住民に愛され、且つ住民のアイデンティティの拠り所となる建築物であれば、それで良いが。

一方、何らかの理由で解体され、忘れ去られていった建築物も多々ある。

近代建築の特徴は、「大量に」「多様に」「大規模に」建設される、という事である。その中でも、明治・大正・昭和戦前期に建設された建築物は、保存に関して地元住民の合意を得やすい。なぜなら、旧日本生命九州支社（現・福岡市赤煉瓦文化館）や門司港駅等は地域のランドマークとなり、日本の近代化の「モニュメント」にもなりうるからである。

ところで、昭和戦後期の建築物の場合はどうだろうか？

広島県広島市に所在する、世界平和記念聖堂（村野藤吾設計）及び、広島平和記念資料館（丹下健三設計）は、モダニズム建築の出発点とされている。現在は双方とも、戦後建築としては初の国指定重要文化財として保存されている。これ等の建築物は、合理性・効率性を極めた、いわゆる「機能主義建築」である。機能主義建築を含め、建築を時代精神の発露とする考えは、すなわち建築を「時代の証人」として評価する認識にも直結する。

建築物を、「著名な建築家が設計したかどうか」といった理由で名作・駄作に分ける事は危険である。なぜなら、建築物を名作・駄作に分ける事は、何者かによる恣意的な好みの表明にも繋がりかねないからである。肝腎なのは、その時代の人々がどのような思いで建築物を利用し、建築物はどのような歴史を眺めて来たか、という事であろう。だからこそ上記2件の建築物は重要文化財に指定され、戦前の建築だが原爆ドームは世界遺産にも登録されているのである。

しかし、戦後のモダニズム建築は、次々と解体されているのが現状である。例えば、磯崎新（大分県出身）による大分県立図書館は「磯崎新記念館」として再スタートが出来たが、その一方で、同じ建築家の手による大分県医師会館は解体された。この事は、公共建築と民間団体の建築物の違い、あるいは「一つ残れば十分」という市民や行政の感覚によって、保存と解体の分かれ目が出来てしまったのではないかと言われている（鈴木博之『現代の建築保存論』王国社刊より）。

建築物が解体される理由は様々である。所有者・管理者に経済的な余裕が無くなり、建築物の維持・管理が困難になった挙句、解体に到る、あるいは所有者が代わった際、その人物が建築物の価値を理解せず、安易に解体させてしまった、という事例は多々ある。また、建築物に重大な欠陥が見つかり、安全性を考慮してやむを得ず解体に到る事も多いだろう。

本章の後半ではそれ等の、現在は写真によって偲ぶしかない建築物を取り上げる。その中には私が昔、アナログカメラで撮影した写真、また、自分の気まぐれでモノクロフィルムを使用して撮影した写真もあるので、その点をご了承願いたい。

シーボルトの湯

竣功年：2009年（オリジナル：1913年）
所在地：佐賀県嬉野市
設　計：不詳
施　工：松尾・神近特定建設共同企業体（現在のもの）
用　途：余暇施設（公衆浴場）

　現在の「シーボルトの湯」は2009年に再建された公衆浴場であるが、元々は1913年に建設された歴史の古い建築物である。
　1913年に開業した当初は、この公衆浴場は複数の経営者による共同経営で運営されていたが、後に地元旅館「和多屋別荘」の所有となり、現在は嬉野市が管理・運営している。

　老朽化および2005年の福岡県西方沖地震の影響により、オリジナルの建物は解体されたが、解体を惜しむ市民の声もあって2009年に再建された。
　この建築物は、単に大正時代の建築物を再現しただけではない。内部は高齢者や体の不自由な方でも利用しやすいよう、エレベーターやリフト仕様の浴室が設けられている等、バリアフリーも充実しているのである。歴史的建造物を再建する際、特に公共施設の場合は、時代考証をあまり振りかざすに、バリアフリーも重視すべきであろう。

カトリック中町(なかまち)教会

竣功年：1951年（オリジナル：1897年）
所在地：長崎県長崎市
設　計：パピノー神父
施　工：不詳
用　途：宗教施設（カトリック教会）

　カトリック中町教会の天主堂は、1897年に元大村藩の大名屋敷跡に建立された。
　竣功当初は煉瓦造りであったが、1945年8月9日に長崎に原子爆弾が投下された事により、外壁・尖塔を残してこの堂宇(どう)は全壊した。現在残っている天主堂は、その外壁と尖塔をそのまま活かし、鉄筋コンクリート造りで1951年に再建されたものである。従って、この教会は浦上天主堂ほどには知られてはいないが、長崎市内に残る貴重な「被爆遺構」の一つと言える。
　但し、浦上天主堂が再建に当たって堂宇を多少簡素化させているのに対して、中町教会はオリジナルに出来るだけ忠実に再建されているようである。
　外観の特徴としては、白壁がステンドグラスによって装飾され、軒下も曲線による装飾模様でぐるりと取り囲まれている。
　カトリック中町教会は、江戸時代のキリシタン迫害、そして1945年の原爆投下等、一過性の観光では分からない長崎の町の苦難の歴史の「生き証人」の一つとも言えよう。

平戸オランダ商館

竣功年：2011年（オリジナル：1639年）
所在地：長崎県平戸市
設　計：㈶文化財建造物保存技術協会（現在のもの）
施　工：松井・早田特定建設共同企業体（現在のもの）
用　途：文化施設（資料館）

　平戸オランダ商館は、日本最古の西洋館と伝えられている。

　1609年、平戸に最初のオランダ商館が建設された。その後、日本とオランダとの間の貿易額は、雪だるまを転がすように増加して行った為、この地に石造りの倉庫を数棟建設する事となった。その中でも最大のものが、1639年に建設された倉庫である。ところが、これらの倉庫にはキリスト紀元が石材等に刻印されてあった。その為、当時キリスト教禁教令を出していた江戸幕府の逆鱗に触れ、平戸に所在していた石造倉庫は一つ残らず破壊されてしまった。

　現在、平戸市教育委員会等が、オランダやインドネシアなどに残る17世紀のオランダ東インド会社の建築物を調査し、倉庫の全貌を解明している最中だという。

　現在の平戸オランダ商館は、約370年の歳月を経て復活したものである。今は再建されて日も浅いが、日本初の西洋館を忠実に再現したこの建築物も、370年後には重要文化財となるかも知れない。

西日本シティ銀行
下関支店

竣功年：1953年
所在地：山口県下関市
設　計：不詳
施　工：岩崎組（現・岩崎建設）
用　途：金融施設（銀行）

　ここからは、解体された「戦後洋館」について述べる。

　西日本シティ銀行下関支店の施工を手掛けた建設会社は、岩崎組（現・岩崎建設）という会社である。この建設会社は、戦前より長崎上海銀行（長崎県長崎市）など、数多くの西洋館を手掛けて来た。つまり、下関のこの銀行建築は、名門中の名門建設会社による作品なのである。

　その岩崎組によって建設された西日本シティ銀行下関支店であるが、竣功当初は地下1階・地上3階建てであった。しかし、増改築を繰り返した結果、地下室は使用されなくなり、3階部分も無くなった。

　この銀行は、かつて門司港に所在し、現在は解体されている西日本シティ銀行門司支店によく似ている。しかし、銀行の方にお話を伺ったところ、門司港の建物とは関係なく、設計者も異なるだろうとの事である。

　ちなみにこの建物は2012年4月に解体され、店舗は別の場所に移転している。

平成筑豊鉄道
崎山駅

竣功年：1954年
所在地：福岡県京都郡みやこ町
設　計：不詳
施　工：不詳
用　途：交通施設（第三セクター駅舎）

　平成筑豊鉄道は、1987年の国鉄民営化の際に、全国各地で発足した第三セクターの鉄道事業体の中の一つである。
　その平成筑豊鉄道の崎山駅は、長年駅舎として使用されて来た。しかし、竣功当初は信号所という扱いであり、地元の住民は利用できなかった。当時の国鉄信号所としては標準スタイルの建築物であったが、信号所から駅に昇格したものとしては貴重な駅舎と言える。
　ところで、この駅舎には何故か浴場まで完備していたという。そうすると、竣功当時は時代の最先端を行く駅舎であったかもしれない。
　しかし、崎山駅は老朽化が進み、雨漏りも激しいので、地元みやこ町との協議の結果、解体される運びとなった。今となっては過去の写真によって、往時を偲ぶしか他はないのである。

福岡銀行門司支店

竣功年：1960年
所在地：福岡県北九州市門司区
設　計：日建設計工務㈱
施　工：松村組
用　途：金融施設（銀行）

　福岡銀行門司支店の建築が、もし門司港以外の場所に所在していたとすれば、それほど目立つものには見えなかったであろう。しかし、門司港の一画に佇んでいたという、ただそれだけの理由でこの銀行建築も「レトロな西洋館」に見えてしまうので、不思議なものである。

　しかしながら、この銀行建築も店舗移転の為に、解体される運びとなった。

　福岡銀行門司支店の竣功年は1960年。現在のマリーゴールド門司迎賓館（結婚式場・1950年築）はさらに先代の福岡銀行門司支店である。1960年に写真の建物が竣功された際、営業地をここに移転したのである。

　1950年代～1960年代は、門司港はかつての繁栄から一転して衰退の一途を辿っていった。とはいうものの、この町は痩せても枯れても明治時代からの一大貿易港である。福岡銀行門司支店や現在のマリーゴールド門司迎賓館、そしてホーム・リンガ商会等は、そんな門司港の底意地を見せていたのかも知れない。

不老泉

竣功年：1957年
所在地：大分県別府市
設　計：別府市建築課
施　工：KK本城組
用　途：余暇施設（1階：市営温泉、2階：公民館、3階：ホール）

「不老泉」の建っていた場所は、明治時代には既に温泉施設として開発されていたという。

1921年に改築が行われた際、この温泉施設は和洋両式の浴場・電気治療温泉・滝湯などを備えた豪華な施設となった。さらに、2階には休憩室及び売店、3階には展望台を備えていたので、この時期（大正時代）の不老泉は一大レジャー施設として大いに繁盛していたらしい。

1957年、不老泉は建て替えられ、1階は戦前を踏襲して温泉施設が残されたが、2階は公民館、3階はホールとなった。つまり、不老泉はレジャー施設から公共施設へと生まれ変わったのである。

建物の特徴として挙げられるのは、階段室の採光用の窓であろう。このような窓は、戦後の公共施設ではごくありふれたものであった。

建て替えられてからの不老泉は、かつてほどの豪華さは感じられないものの、引き続き別府市民の人々に親しまれて来た。ところが、後日別府を通りかかった際、電車の窓からこの建物が解体されている場面を目にした。つくづく惜しまれる。

旧福岡シティ銀行
門司港支店

竣功年：1951年
所在地：福岡県北九州市門司区
設　計：不詳
施　工：不詳
用　途：金融施設（銀行）

　この写真は、私が親のコネで入社した会社をクビになって間もない頃、アナログカメラで撮影した写真である。

　この前日、無性に夕暮れ時の門司港の町並みを撮影したくなり、矢も盾も無くかの町へ出掛け、撮影したのがこの建物であった。現在は写真に日付を入れないのだが、当時は写真に必ず日付を入れていたので、その点は読者の皆様もご容赦願いたい。

　前置きが長くなったが、この銀行建築は戦後間もない1951年に竣功された。当時は戦前からの建築家や施工業者も多数存命していた（建築家を志しながらも、出征によってその夢を叶えられずに異国で戦死を遂げた若者も多々いたと思うが）。故に、この建築物も設計者は不明ながらも当時の中堅建築家の手によるものであろう。

　あるいは、下関に所在していた旧西日本シティ銀行下関支店と酷似した意匠なので、同一の設計者の手によるという考えも捨てがたい。尤（もっと）も、以前に西日本シティ銀行に所属しておられた一級建築士の方からお話を伺ったところ、その方は「そうではない」と仰った。

山九若松支店
さんきゅう

竣功年：1943年？
所在地：福岡県北九州市若松区
設　計：不詳
施　工：不詳
用　途：オフィス

　この写真は、私の気まぐれでモノクロのフィルムを用いて撮影した写真である。「山九株式会社」は、1918年創業の、実に90年以上の歴史を持つ港湾事業の会社である。元々この企業は山陽及び九州で事業展開を開始していたが、現在では海外へのプラント工事・輸送をも手掛けている。
　写真掲載の許可を頂けなかったが、以前福岡中央銀行行橋支店（1951年築？）
ゆくはし
を取材し、その際調べて判明したことがある。山九若松支店や福岡中央銀行行橋支店のように、複数の窓を組み合わせ、開口部を拡げる工法は、カーテンウォール（外囲いの役割りを果たすのみの外壁）工法が流行する以前、日本ではよく見られたものだという。日本では、開口部が狭く、湿気を逃しにくい西洋館に納得が行かない人が多かったらしく、このような工法が好まれたのである。
　山九若松支店は、道路拡幅のため解体されてしまい現存しないが、この建築物や福岡中央銀行行橋支店等の建築物には、夏場に湿度の高くなる日本ならではの工夫がなされた、風土に根ざした建築と言えよう。

大正ビル

竣功年：1948年？
所在地：福岡県北九州市若松区
設　計：不詳
施　工：不詳
用　途：オフィス

　本書の掉尾を飾るのが、この「大正ビル」の写真である。この写真も前ページの「山九若松支店」と共にモノクロのフィルムを用いて撮影した。

　最近若松を訪れ、旧古河鉱業若松ビル館長のWさんから伺ったお話だが、大正ビルの築年は1947年もしくは1948年との事だそうである。また、以前はこの建物には、当初大正鉱業若松支店、もしくは山下汽船若松支店のオフィスが入居していたらしいが、定かではない。

　この建築物の外観は、一見鉄筋コンクリート造りのように見えるが、実際はコンクリート造りの部分は半地階の基壇部分のみであり、1階・2階は共に木造モルタル造りだという。地下室は石炭の貯蔵庫となっており、ここに貯めた石炭を必要に応じて各所に配送していたらしい。外観は壁柱風列柱と水平線を強調し、シャープにデザインされた軒部のピロティのような部分が特徴的である。

　大正ビルは、若松の町並みを彩って来た名建築と思うが、残念ながら台風の被害に遭った事を機に解体されてしまった。もしも若松の町が門司港同様観光地として復活するならば、その際は是非とも大正ビルも再建してほしいと私は願っている。

あとがき
百年後の重要文化財

　この世で評論家ほど楽な商売は無いと思う。

　近年、インターネットの発展、特にスマートフォンやSNSなどの普及によって、今や「一億総評論家」状態である。つまり、それだけ楽な仕事をしている者が多いと言う訳である。自分は何も生産せず、他人の仕事の論評ばかりする輩が増加するのは良くない傾向だと思うが、私はその事にけちを付けるつもりは無い。私自身本書の中で、建築家が寸暇を惜しんで設計し、建設業者が汗水垂らして施工し、所有者、管理者が一所懸命に守り続けて来た建築物を、ただ評しているだけだからである。

　さて、本題に入ろう。

　この写真集の企画は、もう随分前から温めていたが、本格的に写真を撮影し始めたのは2011年に私が大学院修士課程を卒業してからである。

　この年の3月11日、東日本大震災が発生した。

　この地震は、阪神・淡路大震災を上回る規模で被害が及び、津波・火災、更に原発事故など、複合災害の様相を呈した。私は精神科から処方された薬を服用している為、献血すら止められている。それ故に、コンビニに募金するしか出来ない自分に、内心忸怩たる思いがしたものである。

　2011年は、アメリカの同時多発テロから丁度10年目の年でもあった。

　ニューヨークに聳え立っていたワールド・トレード・センタービルが、2機の

旅客機によって崩壊する光景は、超高層ビルがテロに遭遇した際、いかに危険極まる代物になるかをアメリカ国民に思い知らせた。そしてもはや、超高層ビルが都市のステイタス・シンボルであった時代に終止符が打たれた事を、このテロ事件は示したのである。

この二つの大事件は、様々な事を考えさせられる。

東日本大震災は、岩手・宮城・福島3県に甚大な被害をもたらした。住民たちが見慣れた町並みは廃墟と化し、農業や漁業も大打撃を受けた。また、原発事故によって、もはや人が住む事が困難な状態となっている地区もある。再生可能エネルギーの開発を怠り、安易に電力を原発に依存する事を選択した私たち日本人一人一人に、そのような状態にした責任があるのかも知れない。

しかし、人間は過去を顧み、未来にその教訓を生かせる動物である。人間がおのれの慢心を諫め、次世代に希望を託す事が出来るなら、岩手・宮城・福島3県は、より安全でより魅力的な県に復興するであろう。

アメリカ同時多発テロも、様々な方面で波紋を及ぼした。この事件は、キリスト教とイスラム教との間の価値観の相違から発生したと言えるが、同時に飛行機と超高層ビルと言う、20世紀に隆盛を極めたものが、いとも簡単に人間を殺傷する兇器になり得るかを実証した事件でもあった。

かつて私は、科学雑誌『Newton』(教育社)の21世紀を予測した増刊号で、高さ1000メートルのビルのイラストを見た事がある。しかし、あのテロ事件を目の当たりにした現在では、そのような超高層ビルは、人間の慢心を表した「バベルの塔」でしかなくなったのである。

さて、私がこれまで撮影してきた「戦後洋館」の数々は、東日本大震災の被災地と同じく地方都市に所在し、ワールド・トレード・センターのようなランドマークではない建築物ばかりである。

ここで紹介されている西洋館のほとんどは、戦争も経験していない、言わば「くちばしの黄色い若造」である。中には、建設されて数年も経っていない「ひよっこ」のような西洋館もある。また、掲載されている西洋館は、著名な建築家が設計したものもあれば、素人が設計したもの、あるいは単なる人寄せの為に西洋館風のデザインにしたに過ぎないものもある。良く言えば「あらゆる西洋館を差別しない」、悪く言えば「玉石混淆」である。

白石直典氏の『中国地方の西洋館』(中国新聞社)と言う書籍によると、「近代建築とは、明治から昭和20年の敗戦までの間における西洋館のみが対象となる」そうである。だとすると、私がこれまでに紹介してきた建築物は、「えせ西洋館」あるいは「西洋館もどき」に過ぎないのかも知れない。

それから、本書に収録されている「戦後洋館」の所在地は、敢えてぼかす事にした。「不親切だ」と思われるかも知れないが、これには理由がある。

近年、アニメや映画の舞台のモデルとなった市町村や建造物を来訪する、いわゆる「聖地巡礼」がブームとなっている。しかし、私は本書で紹介した「戦後洋館」を「聖地」にはしたくない。なぜなら、プライバシー性の高い建築物もあり、多くの人間が頻繁に来訪すると、それらの建築物の所有者・管理者の方々の仕事や生活に支障を来たすからである。読者の皆様方は、本書に掲載されている「戦後洋館」の所在地を、どうか詮索なさらないで頂きたい。

　最後に「西洋館」とは何かを考えてみよう。

　人間の生活の基本的な要素は「衣食住」の三つに集約される。「建築」は、その内の「住」の要素を体現する。そして「西洋館」は、私たち東洋人とは異なる価値観の「住」の要素を体現していると言えよう。

　私は、「日本の『西洋館』の歴史は『昭和20年の敗戦』をもって終止符を打った」（前掲書）とは思っていない。町並みの歴史が未来永劫続くように、西洋館の歴史も、この世に人類が存在する限り、未来永劫に続くと思うのである。

　この写真集を上梓するにあたり、忘羊社の藤村興晴さんに、多大なお世話になりました。また、写真撮影および本文執筆に際して、様々な方々と出会い、助言を戴きました。お忙しい中、貴重な時間を割いて戴き、そして私の拙い写真の掲載を許可して下さり、ありがとうございました。本書掲載の「戦後洋館」関係者の皆様方に、心より感謝の意を表します。

2013年12月24日

◎参考文献

- 片野弘『北九州市の建築　明治―大正―昭和初期』((財)北九州都市協会)
- ギャラリー・間=編『建築ＭＡＰ北九州』(ＴＯＴＯ出版)
- ＴＯＴＯ出版=編『建築ＭＡＰ九州・沖縄』(ＴＯＴＯ出版)
- 杉崎行恭『行ってみたい駅50　駅旅入門』(ＪＴＢパブリッシング)
- 内田青蔵=監修『なるほど知図帳　日本の建築　現代日本を築いたランドマークたち』(昭文社)
- 『るるぶ情報版　山口萩下関門司港津和野11～12』(ＪＴＢパブリッシング)
- 『るるぶ情報版　福岡11』
- 『るるぶ情報版　佐賀唐津呼子有田嬉野』(ＪＴＢパブリッシング)
- 村野藤吾研究会=編『村野藤吾建築案内』(ＴＯＴＯ出版)
- 藤谷陽悦=監修『建築のすべてがわかる本』(成美堂出版)
- 安藤忠雄『ル・コルビュジェの勇気ある住宅』(新潮社)
- 磯達雄=文／宮沢洋=イラスト『ポストモダン建築巡礼』(日経ＢＰ社)
- 磯達雄=文／宮沢洋=イラスト『昭和モダン建築巡礼』(日経ＢＰ社)
- 藤森照信=文／増田彰久=写真『新版　看板建築』(三省堂)
- 唐津市史編纂委員会=編『唐津市史』(唐津市)
- 太田博太郎／藤井恵介=監修『増補新装カラー版　日本建築様式史』(美術出版社)
- 岡崎寿=編『大分の建築』(大分建築士会)
- 安部巌『ふるさとの想い出　写真集別府』(国書刊行会)
- 藤田洋三=編／村松幸彦=監修『別府近代建築史　地霊』(別府観光産業経営研究会)
- points de tricot =編『雑貨屋さんぽ　福岡編』(リベラル社)
- 北九州地域史研究会=編『北九州の近代化遺産』(弦書房)
- 九州産業考古学会筑後調査班=編『筑後の近代化遺産』(弦書房)
- 九州産業考古学会=編『福岡の近代化遺産』(弦書房)
- 柳沢道生『路面電車全線探訪記』(現代旅行研究所)
- 橋爪紳也=文／稲村不二雄=写真『ニッポンバブル建築遺産１００』(ＮＴＴ出版)
- 中川理『偽装するニッポン　公共施設のディズニーランダゼーション』(彰国社)
- 熊本県高等学校地歴・公民科研究会日本史部会『歴史散歩43　熊本県の歴史散歩』(山川出版社)
- 山形政昭=監修『ヴォーリズ建築の１００年』(創元社)
- 桐敷真次郎『建築学の基礎⑤　近代建築史』(共立出版株式会社)
- 長谷川堯=著／増田彰久=写真『日本建築[明治大正昭和] 4　議事堂への系譜』(株式会社三省堂)
- 鈴木博之『現代の建築保存論』(王国社)
- 鈴木博之=編『復元思想の社会史』(㈱建築資料研究所)
- 網野善彦／後藤宗俊／飯野賢司=編『ヒトと環境と文化遺産――21世紀に何を伝えるか』(山川出版社)
- 井上章一『法隆寺への精神史』(株式会社弘文堂)
- 白石直典『九州・山口の西洋館』(西日本新聞社)
- 佐賀市建設設計建築課=編『佐賀市景観賞10周年記念誌』
- 安川電機=編『安川電機75年誌』
- 建築用語辞典編集委員会=編『第二版　建築用語辞典』(技報堂出版)
- 尾道建二／内田千彰／開田一博『北九州地域における戦前の建築と戦後復興期の建築活動に関する研究』(北九州産業技術保存センター)

- ＳＤ編集部＝編『《現代の建築家》象設計集団』（鹿島出版会）
- 「夕刊デイリー」2005年（平成17年）11月21日（夕刊デイリー新聞社）
- 外山幹夫＝編『図説　長崎県の歴史』（河出書房新社）
- 楼慶西＝著／西村雅彦＝監修『中国歴史建築案内』（ＴＯＴＯ出版）
- 『広辞苑』第六版
- 『日本史広辞典』
- 清浦道生『八幡大神の信託』（彩流社）
- 『杵築市誌』昭和43年7月刊
- 『杵築市誌』昭和17年3月刊
- 「Newton」2月号増補『21世紀はこうなる　1990年版　最新データで見る日本の未来』（株式会社教育社）
- 白石直典『中国地方の西洋館』（中国新聞社）

◎**参考サイト**
- All-A blog　団地・近代化遺産・建築・まちなみ
  http://allxa.blog114.fc2.com/
- Web草思　短期集中連載「ヤミ市の末裔　博多・祇園マーケットの戦後」
  http://web.soshisha.com/archives/blackmarket/
- 山九株式会社
  http://www.sankyu.co.jp/
- 熊本電気鉄道株式会社
  http://www.kumamotodentetsu.co.jp/
- 地域づくり団体活動事例集～地域づくり新段階～
  http://www.chiiki-dukuri-hyakka.or.jp/1_all/jirei/2011_dantai/index.html
- 財団法人　服部植物研究所
  http://hattorilab.org/
- おおいた萌えおこしプロジェクト（おおいた18 Lover's）
  http://moemore.jp/
- BELCA宣言
  http://www.belca.or.jp/sengen.htm
- GaZONE Kanmon Kitakyushu
  サイト見当たらず
- 近代化産業遺産総合リスト
  　　北九州市門司区（門司港地区）編
  　　北九州市若松区（本町地区）編
  　　宮崎県延岡市編
  　　島根県大田市（温泉津地区）編
  　　山口県岩国市編
  　　北九州市門司区（大里地区）編
  　　北九州市八幡西区編
  　　福岡市中央区編
  　　熊本県熊本市（古町新町地区）編
  http://kourokan.main.jp/heritage-top.html
- レトロな建物を訪ねて
  http://gipsypapa.exblog.jp/
- 西洋館散策ぶらり旅
  　　宮崎県の洋館
  　　大分県の洋館
  　　佐賀県の洋館
  　　長崎県の洋館
  　　熊本県の洋館
  　　山口県の洋館
  http://yokanwatcher.dtiblog.com/

[著者]
森下友晴（もりした・ともはる）
1974年、福岡県生まれ。1997年、福岡大学人文学部文化学科を卒業。2011年、別府大学大学院文学研究科文化財学専攻博士前期課程修了。著書に『福岡の歴史的町並み』（石風社）がある。現在、某作業所にて軽作業をこなす傍ら、ポエム・小説・旅行記・書評等を鋭意執筆中。

昭和戦後の西洋館
九州・山口・島根の〈現代レトロ建築〉

2015年2月15日　初版第1刷発行

著　者　森下友晴
発行者　藤村興晴
発行所　忘羊社

〒810-0074　福岡市中央区大手門1-7-18
電　話 092-406-2036・ＦＡＸ 092-406-2093
印刷・製本　シナノ・パブリッシングプレス

落丁本・乱丁本はお取替えいたします。定価はカバーに表示しています
Morishita Tomoharu ⓒ Printed in Japan 2015